Kaspar Huche

Neue Tipps vom Großvater

Was Großvater noch wusste

KOSMOS

Für meine Familie,
für meinen Vater

Mit insgesamt 90 Farbfotos von:
Ursel Borstell, Essen: 83; Rolf Bühl, Stuttgart: 86; Henseler Bildarchiv, Bonn: 84; Roland Krieg, Waldkirch: 95, 104/105; Pforr, Langenpreising: 18, 21 oli, 35 alle 3, 60, 75, 128; Wolfgang Redeleit, Bienenbüttel: Vor- und Nachsatz, 14, 32, 37, 46 uli, 54, 103, 109, 113, 115, 132, 133; Reinhard Tierfoto, Heiligkreuzsteinach/Eiterbach: 2/3, 5, 7, 10, 12/13, 15, 21 ure, 27, 29, 31, 39, 40, 42, 43, 44, 45, 46/47, 49 oli, 51, 53, 57, 69, 70/71, 77, 79, 90/91 beide, 93, 99, 104 uli, 111 ure, 112, 116 oli, 117, 120, 123, 125, 126/127 beide, 129, 136, 138, 141, 142, 143, 147, 149; Ralf Roppelt, Sahara-Werbeagentur, Stuttgart: 97, 108, 111 oli, 114, 116 ure, 118; Manfred Ruckszio, Taunusstein: 12 uli, 25, 49 ore, 62, 70 uli, 76, 87, 102, 124, 130, 140, 146.

Mit insgesamt 61 Zeichnungen von:
Reinhild Hofmann, Königsdorf

ISBN: 3-440-08246-6
Lektorat: Angelika Throll-Keller, Carolin Krank
Printed in Germany/Imprimé en Allemagne
Satz: TypoDesign, Radebeul
Reproduktion: Repro Schmid, Stuttgart
Druck und Buchbindung: Westermann Druck Zwickau GmbH, Zwickau

Umschlaggestaltung von Atelier Reichert, Stuttgart unter Verwendung von drei Farbfotos der Bildagentur Strauß, Au i. d. Hallertau (groß), Hans E. Laux (klein), Biberach a. d. Riß, Manfred Pforr, Langenpreising (klein).

Die Deutsche Bibliothek –
CIP-Einheitsaufnahme
Ein Titelsatz für diese Publikation ist bei der Deutschen Bibliothek erhältlich.

Gedruckt auf chlorfrei gebleichtem Papier

Alle Angaben in diesem Buch sind sorgfältig geprüft und geben den neuesten Wissensstand bei der Veröffentlichung wieder. Da sich das Wissen aber laufend weiterentwickelt und vergrößert, muss jeder Anwender prüfen, ob die Angaben nicht durch neuere Erkenntnisse überholt sind. Dazu muss er zum Beispiel Gebrauchsanweisungen und Gesetze beachten.

KOSMOS Postfach 106011
D-70049 Stuttgart
TELEFON +49 (0)711-2191-0
FAX +49 (0)711-2191-422
WEB www.kosmos.de
E-MAIL info@kosmos.de

Neue Tipps vom Großvater

Verehrte Gärtnerschaft,

Es sind wohl diese netten Begegnungen wie Spaziergänge, bei denen wir Gartenmenschen uns nicht nur austauschen, sondern auch Überlegungen anstellen, wie wir die gesammelten Erfahrungen den vielen anderen Gartenbegeisterten am besten zugänglich machen können. Diesmal war es nun kein „braver" Spaziergang, bei dem Großvater schließlich dazu überredet wurde, eine Art Beste-Tipps-Sammlung zusammenzustellen. Streng genommen war es so, dass eine kleine Bande Junggärtner anlässlich einer ausgelassenen Gartenparty die Initiative ergriff, Großvater zur Seite nahm und ihn freundlich aber bestimmt und, das muss man den Herrschaften lassen, mit Erfolg dazu überredete, nochmals zur Feder zu greifen und ein weiteres Mal einen schönen Batzen Wissenswertes herauszurücken. Ich kann mich noch ganz gut daran erinnern, dass die Entscheidung für das nun vorliegende Sammelwerk im Zusammenhang mit dem gemeinsamen Genuss des allseits beliebten Königspunsches fiel. Es wurde viel gelacht und, die jungen Leute sind schon raffiniert, viel Lob und Anerkennung ausgesprochen (und, dies unter der Hand gesagt, recht großzügig ausgeschenkt).

Man wollte tatsächlich noch am gleichen Abend mit dem Zusammenstellen der ersten Tipps beginnen. Als dann aber so überschäumende Vorschläge kamen wie: „Früher hat man doch den Kalkgehalt des Bodens mit Hilfe von Salzsäure selbst herausgefunden", bremste Großvater die sich schon in voller Fahrt befindende Gemeinde. Er werde in Ruhe sein Gedächtnis wiederum auf praxisnahe und naturfreundliche Methoden absuchen. Und er gehe dann davon aus, dass ein wenig Experimentierlust und Freude am Ausprobieren und auch Herausfinden, wie man mit welchen Methoden am besten klar kommt, bei den Tipp-Anwendern vorhanden ist. In bester Stimmung versprach er darüber hinaus, diesmal auch die Genussseite – die schöne Zeit nach getaner Arbeit – nicht zu kurz kommen zu lassen. Und dass er hier ebenfalls einiges zu bieten hat, konnte er nicht nur auf besagtem Fest unter Beweis stellen. Ihr werdet es ja ein paar Seiten weiter sehen können.

Kaspar Huche

Hand in Hand: Großvater und seine Gartenpflanzen

Kann man seinen Boden loben? Das ergeben Bodenproben!

Für besonders professionelles Vorgehen sind Bohrstöcke vorgesehen.

Bevor sich jemand heutzutage entschließt, den ihm zur Verfügung stehenden Gartenboden für die Gewinnung von Nahrung in Form von Obst und Gemüse zu nutzen, sollte er sich auf jeden Fall Einblicke in die Bodenverhältnisse verschaffen. Und zwar in Form von Bodenproben. In der Vergangenheit wurde einem nicht der Service geboten, den heutige (private) Labors oder die landwirtschaftlichen Untersuchungsanstalten (Lufas) bereithalten (s. Anhang). Früher konnte man sich als Kenner und guter Beobachter immerhin am vorhanden Bewuchs von Flächen ein gewisses Bild von der Bodenbeschaffenheit dahingehend machen, ob er sehr fruchtbar (humushaltig) oder eher mager ausfiel. Die Blumen und Gräser einer Naturwiese etwa wachsen nur auf mageren Böden. Und wer im eigenen Garten so

Gemüse wächst am besten auf gesundem Boden.

einen Bewuchs vorfand, hatte somit zumindest erste Anhaltspunkte vorliegen. In diesen Zeiten ist aber vor allem eine Untersuchung aufgrund der zum Teil erheblichen Belastungen der Böden mit Umweltgiften ratsam. Aber auch mit Blick auf die Nährstoffgehalte des vorhandenen Bodens – insbesondere wenn das Ziel der Gartenarbeit die Ernte von gesunden Nahrungsmitteln ist – legt Großvater eine gründlichere Untersuchung nahe.
Denn mit Blick auf das mehr oder eben weniger (bis gar nicht) notwendige Düngen des Gartenbodens ist es eigentlich unerlässlich, etwas über seine Nährstoffvorräte zu wissen. Eine Überdüngung ist eben auch möglich und wirkt sich sehr ungünstig auf die Pflanzenentwicklung (Wachstumsstörungen, Anfälligkeit für Krankheiten) aus. Spezielles Bohrgerät, das für unterschiedliche Bodenbeschaffenheiten ausgelegt ist, kann man z.B. über die einschlägigen Labors beziehen. Aber es geht auch ganz einfach: An zehn ausgesuchten Stellen im Garten holt man jeweils mit einem Spatenstich von ungefähr 20 cm Tiefe eine Erdscholle hoch. Mit einem größeren Löffel streift man nun über die gesamte Spatenblattlänge eine Erdprobe ab. Das Bodenmaterial von allen zehn Stellen kommt in einen Behälter und wird darin gründlich durchmischt. In einen stabilen Beutel gefüllt und entsprechend verschickbar verpackt, werden so einige

Saubere, trockene Früchte und dennoch gute Bodenfeuchtigkeit erhält man durch eine Strohunterlage.

hundert Gramm Erde zu der gewünschten Untersuchungsanstalt auf den Weg gebracht. Gegebenenfalls legt man noch Hinweise zu beobachteten Mangelerscheinungen bei Pflanzen oder Ähnlichem als Information bei.

Die Erdbeerplantage – aller guten Dinge sind drei

Wir Menschen, auch Gärtner, bevorzugen in aller Regel das gemeinschaftliche Beisammensein, obwohl gerade das gelegentliche, scheinbar sehr vereinsamte Schaffen allein auf weiter Flur auch ganz angenehm sein kann. Erdbeerpflanzen jedoch ziehen offenbar stets eine gute Gruppendynamik vor und fühlen sich

In Grüppchen und umkuschelt lebt es sich besonders gut als Erdbeere.

ausgerechnet zu dritt im Bunde am wohlsten. Von ausgesprochen guten Erfahrungen ist zu berichten, sofern diese Lieblingspflanze in Cliquen zu dritt mit einem Abstand von 50 cm zwischen den einzelnen Grüppchen gepflanzt wurden. Der Abstand zwischen den einzelnen Mitgliedern einer Gruppe beträgt dabei ca. 8 cm, soviel Rücksicht muss einfach sein.

Das „Erdbeer-Gras"

Einmal abgesehen davon, dass wir Gärtner sowieso zu besonders großer Friedfertigkeit tendieren und grundsätzlich nach dem Motto „leben und leben lassen" verfahren, zeigt sich selbst in prekären Fragen unkrautbezogener Herkunft, dass diese Lebensformel eigentlich unschlagbar ist. Beweis: Erdbeeren plus menschliche Leidenschaft plus Spezialgras ergeben vollkommene Zufriedenheit für alle drei Interessenten. Denn das einjährige Gras *Agrostis spicaventi*, maximal 60 cm hoch wachsend, bietet eine geradezu ideale Schutzdecke für die begehrten Früchte. Vor allem in Hinblick auf eine gute Abwehr von zu viel Feuchtigkeitsverlust bei längerer Trockenheit ist dieses zierliche Gewächs ein optimaler Partner, besonders bei größeren Anbauflächen. Sicherlich ist es dem einen oder anderen aufgefallen, dass in sehr trockenen Jahren die Erdbeeren auf fein säuberlich gehaltenen Beetflächen (also auf blanker Erde) vergleichsweise mickrig ausfielen im Vergleich zu wildkrautumwucherten Beeten. Unser Schutzgras sorgt mit seinem zierlich gebauten Blütenstand, der wie ein feiner Schleier unsere Lieblingsfrüchte befächert, für eine milde Beschattung. Das Wundergras sorgt überdies dafür, dass die Früchte sauber bleiben. Die Wurzeln unseres Schutzgrases liegen ganz flach, und die Pflanze lässt sich nach der Ernte ganz leicht herausziehen. Und sympathischerweise neigt es nicht zu ungezügelter Verbreitung, es bleibt sozusagen an Ort und Stelle, wo man es einmal aussäte. Damit lässt es sich doch leben.

Ränder hoch – Beet bleibt feucht

Die Versorgung der Beete mit dem kostbaren Nass, besonders bei einer länger anhaltenden trockenen Witterung während einer wichtigen Wachstumsphase, kann ganz beträchtlichen Aufwand an Gießarbeiten bedeuten. Wer zudem größere Beetflächen im Auge behalten muss, wird womöglich ganz schön ins Laufen und Stöhnen kommen, sofern er nicht mit moderner Pumpentechnik das Regenfass anzapfen und die Versorgung damit elegant sicherstellen kann. Jede Maßnahme, mit deren Hilfe jetzt möglichst unaufwendig die Feuchtigkeit in den Beeten gut zu halten ist – wie unter anderem die ohnehin sinnvolle Mulchschicht –, sehen wir aus zeitlichen wie auch aus Kostengründen als sehr willkommen an. Eine schlichte Methode, insbesondere das rasch mal vom Beet weglaufende Gießwasser „festzuhalten", besteht im Hochziehen der Beetränder. Dazu greife man wiederum zur Hacke und arbeite etwas Boden aus den Wegen zwischen den Beetreihen an die Beetränder heran und ziehe sie damit zugleich in eine etwas erhöhte Lage. Solchermaßen entsteht ein gewisser Wannen-Effekt, wiewohl kaum mit Versumpfungen größeren Ausmaßes zu rechnen sein dürfte. Aber das Gießwasser kann sich nun nicht mehr so einfach über die Seiten davonstehlen, die Feuchtigkeit insgesamt bleibt länger im Beet erhalten.

Ein leicht hochgezogener Beetrand hält die Beetfeuchtigkeit besser, was auch Gießarbeiten erspart.

Möhren in Kästen – wollt ihr sie mästen?

Möhren im Mistkasten – wir haben mittlerweile April – sollen sich schön entwickeln, und vielleicht kommen wir auf die klasse Idee, die Abdeckungen (Fenster) auch tagsüber noch prima aufliegen zu lassen. Damit das Gemüse auch schön dick wird! Was dann da wunder-

Schöne große Möhren aus dem offenen Mistkasten

schön dick wird, liebe Leute, ist das Kraut. Und auf die Möhren, die eigentlichen, könnt Ihr noch allemal länger warten, als wären sie gleich ins Freie gesät worden.

Bohnensamen: Anzahl gut, alles gut

So wenig beliebig es ist, mit wie vielen Leuten man sich in einem Raum bestimmter Größe aufhält – so wenig egal ist es, wie viele Bohnensamen pro Stange gelegt werden. Leider ging es in der Vergangenheit bei der Frage nach einer optimalen Verwertung von Saatgut weniger um den Aspekt der Stimmung im Kleingarten, es ging halt ums Sattwerden. Aber auch heute ist es durchaus vernünftig, allein unter dem Gesichtspunkt des für das Wohlergehen einer Pflanze bedeutsamen Platzanspruchs, nach den günstigsten Saatmengen pro festgelegter Fläche Ausschau zu halten. Bei Experimenten mit dem Samen von Stangenbohnen hat sich gezeigt, dass der Ertrag, gemessen an der wiederum geernteten Saatmenge (Trockengewicht), durchschnittlich am höchsten ist, wenn nach dem Auflaufen schließlich fünf Pflanzen eine Stange erklimmen. So empfiehlt es sich, auf Nummer Sicher gehend, ein bis zwei Samen mehr zu legen. Später kann man immer noch dafür sorgen, dass lediglich fünf Pflanzen eine Stange erobern.

Die richtige Saatmenge führt zur richtigen Anzahl junger Pflanzen: so kommen wir zu guten Erträgen.

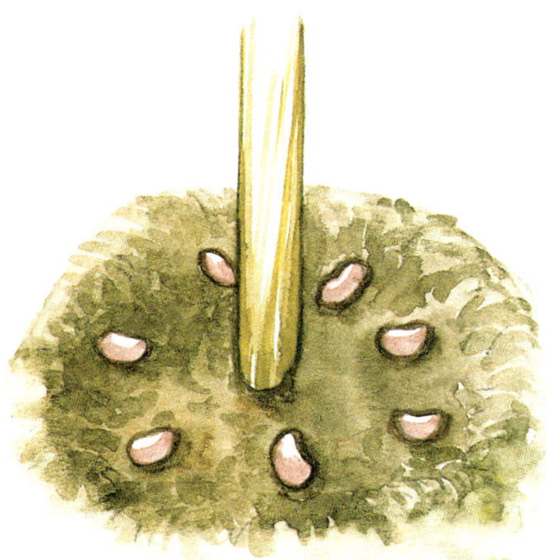

Unverzichtbar für den Pfirsichbaum: ausreichend Wasser und Dünger

Die Konkurrenz trinkt mit, vor allem auch junge Bäume müssen gut versorgt werden.

Es gibt für die vielen Einzelabteilungen in unserer Gartenwelt eigentlich immer ein paar wichtige Grundsätze, die sich jeder auch gut merken kann. Im Gedächtnis aus etwas frischeren Jahren haftet bei mir beispielsweise der traurige Anblick einer Reihe von an sich ganz ordentlichen hochstämmigen Pfirsichbäumen, die allerdings keinerlei Früchte trugen, und das im zwölften Jahr hintereinander.

Nun, ganz generell lautet für Obstbäume das gut zu merkende Grundgesetz folgendermaßen: Eine richtige, also vor allem auch ausreichende Bewässerung und Versorgung mit Nährstoffen ist für einen anständigen Fruchtertrag von großer Bedeutung. Kümmert ein an sich kräftiger, gesunder Baum in der Art, dass er zwar blüht und Fruchtansätze ausbildet, diese später aber abwirft, dazu bereits im frühen Sommer vielleicht auch noch die gelb gewordenen Blätter abzuwerfen beginnt – dann leidet der arme Kerl womöglich Hunger. Gründe dafür können sein, dass der Boden nicht ausreichend Feuchtigkeit speichert, sich rings um den besagten Kümmerling vielleicht ganze Gruppen kräftigen Strauchwerks breit machen, was allein schon einen reichlichen Wasserverbrauch zur Folge hätte und der Nährstoffgehalt des Bodens zu wünschen übrig lässt. Es kann dann sehr nützlich sein, den Boden um solche Bäume herum aufzugraben und gut zu düngen. Je nach Verhungerungszustand müsste dann insbesondere während und nach der Blüte gewässert werden. Es kann durchaus richtig sein, dies eine Zeit lang täglich zu tun, insbesondere bei dürftigen Niederschlägen. Bevor wir also die Axt zücken und uns mit der Aussicht auf etwas billiges Brennholz für die drohende Tat zu rechtfertigen wagen, sollten wir versuchen, den Baumhunger zu stillen. Für eine guten Ertrag ist es außerdem wichtig, dass die Krone licht gehalten wird, weil die Befruchtung durch Windbestäubung stattfindet.

Die richtige Erziehungsmethode – wie bekommt man Gemüse groß?

Ich weiß, es ist nicht gerade besonders „in", und doch muss ich an dieser Stelle nochmals auf die edle Wirkung der mitunter sehr verschmähten Hackarbeit zu sprechen kommen. An einem einst beobachteten Beispiel will ich es erläutern. In einem Garten waren Bohnen angebaut, und ein engagierter Gartenmensch war immer wieder fleißig am Gießen seiner jungen Bohnen, während sich der interessierte Nachbar, armverschränkt die Rührseligkeit beobachtend, sich gerade in dieser Disziplin eigentlich auffallend zurückhielt. Freilich hantierte dieser dafür regelmäßig mit der Hacke, aber irgendwie bekam es der fleißige Gießer nicht mit, sondern wunderte sich über die spärlichen Fortschritte bei sich – im Gegensatz zum Garten nebenan.

Großvaters Erfolgsformel: Gemüse hackt man groß.

Insbesondere die Bohnen wollten bei ihm nicht so recht in Schwung kommen, obwohl er sie doch fleißig goss und goss. Aber gerade Bohnen, zumal auf Feuchtigkeit bindenden Böden, gedeihen selbst bei Trockenheit noch ganz gut. Viel wichtiger ist eben das Auflockern des Bodens durch die Hackarbeiten, womit die Wurzelbildung, die Nährstoffaufnahme und damit letztlich die gesamte Entwicklung bestens unterstützt wird. Außerdem sorgt das regelmäßige Hacken, welches einem bei schon gelockertem Boden ohnehin leichter von der Hand geht, für eine rasche Entfernung des so unverschämt schnell hochschießenden Unkr... will sagen: Wildkrauts. Solange dieses nicht blüht, kann das bisschen Grünzeug sowieso liegen bleiben, es bildet zugleich eine verrottende, letztlich düngende und überdies feuchtigkeitsbewahrende Zutat. Also: Hacken spart nicht nur Gießen, sondern Gießen anstelle von Hacken kann sogar genau das Falsche sein. Gemüse wird sozusagen „großgehackt" und: gut gemeinte Güsse können nie das Hacken ersparen!

Knackige, würzige Porreepflanzen kurz vor der Ernte

Porree mit toller Qualität und wie es geht

Wenn wir die richtige Methode bei der Porree-Treiberei ansetzen, können wir die Ernteausbeute auf die Spitze treiben. Das feine Gemüse, das als köstliche Salat- und Gemüsepflanze Begehrlichkeiten nach mehr weckt, lohnt es. Der Weg zur Optimierung führt über eine reichlich bemessene Tiefe bei der Pflanzung und die Gewinnung kräftiger Setzlinge. Im Frühherbst wird der erste Schwung Porree in einen dunklen, trockenen und vorerst auch luftigen Kellerraum, der im Winter noch sechs bis acht °C hält, in feuchtem Sand eingeschlagen. Dieses Verfahren belohnt die Lauchpflanze damit, eine so ausgeprägte Zartheit zu entwickeln, dass eine nahezu restlose Verwendbarkeit jeder einzelnen Staude möglich ist. Bei einer so hochgezüchteten Qualität bleibt bei der Verwendung praktisch nur die Wurzel übrig, allenfalls noch das Hüllblatt des Schaftes. Auf diese Weise liefert uns die Pflanze viel mehr Genussmenge, als es die übliche Verwendung lediglich des unteren, gebleichten Abschnitts tut. Warum also sollten wir darauf verzichten?

Knollensellerie kommt sehr gut, umsticht man ihn mit etwas Mut

Ohne den Eindruck erwecken zu wollen, die pure Gier treibe den Gartenmenschen immerzu an, so lange rumzutrick-

Die richtige Düngung und Pflege des Knollenselleries wird durch eine reichliche Ernte belohnt.

sen, bis mal wieder ein riesiger Ernteerfolg zu vermelden ist, soll doch an dieser Stelle ein dezenter Hinweis gegeben werden, wie man dem Knollensellerie noch etwas auf die Sprünge helfen könnte. Man umsticht ihn mit dem Spaten, um sein Laubwachstum abzubremsen und die Kraftströme auf die Knolle zu lenken. Und um die geht es uns ja schließlich, nicht wahr? Außerdem: Gute Kompost- und Steinmehlversorgung tun ein Übriges für das Knollenwohl.

Dem Ausbreitungswillen müssen wir Grenzen setzen, ein Wuchern sollten wir verhindern.

Himbeerausläufer weghacken, bevor sie lästig werden!

Himbeeren kommen auf der Beliebtheitsskala gleich nach den Erdbeeren. Deswegen hat man auch sie gern im eigenen Garten. Oftmals bereiten sie aber dahingehend Probleme, dass ihre rasanten Ausläufer den Boden weitläufig in Besitz nehmen. Um dem vorzubeugen ist es ganz wichtig, die Ausläufer nicht stehen zu lassen, bis sie hochgewachsen sind, sondern umgehend zu kappen, d.h., sie müssen weggehackt werden. So hält man den Strauch im Zaum, und er verschleudert keine Säfte und Kräfte.

Kränkeln Bäume – rauf auf Hügel, so vergeht vielleicht das Übel

Streng genommen ist es nicht wirklich ein Pflanzen direkt auf einen geschaffenen Hügel, um was es hier baumfördernd geht. Es soll vor allem für Gegenden und Lagen, wo sich viel Nässe im Boden hält und Bäume deswegen kränkeln, ein Wink gegeben werden, wie wir dort dennoch vor Gesundheit strotzende Obst- und andere Bäume heranwachsen lassen können. Dazu gehe man so vor: eine Baumgrube wird (im Herbst) ausgehoben bzw. sie fällt durch Rodung einer Pflanze an. Diese Grube ist sozusagen der Platz, an der der neu zu pflanzende

Von einer höheren Warte aus wächst es sich manchmal bedeutend besser.

Baum stehen wird. Aber zunächst kommt in dieses Loch nun wieder lockere Erde, die den Winter über Gelegenheit erhält, sich zu setzen. Zur Pflanzzeit im Frühjahr stellt man den neuen Baum auf diese nicht mehr vorhandene Grube, füllt die Wurzelräume schön mit Erde aus und schüttet diese dann zu einem kleinen Hügel auf. (Wenn der Baum einen größeren Ballen hat, muss man diesen etwas absenken, um nicht Berge statt kleine Hügel von Erde aufzuschütten.) Bei dieser Einbauweise ist es natürlich besonders wichtig, dem Baum bis zur festen Verwurzelung im Erdreich guten Halt zu geben. Also den Pfahl tief im Boden versenken und daran denken, den Haltestrick am Baumstamm etwas höher anzubinden, als am Pfahl. Dann kann der Strick die nicht zu vermeidende Absenkbewegung mitmachen. Auch ist bei dieser Methode wegen des Hügels (Gießwasser läuft weg, Gießkante ziehen) sehr auf eine ausreichende Wasserversorgung in der Anwachszeit zu achten.

Gipfeldürre am Baum – das akzeptieren wir kaum

Ist es dem verehrten Großvaterbuch-Leser schon einmal widerfahren, dass sein Auge die noch im letzten Jahr so wunderbar ausgebildeten Kronen seiner Apfel- und Birnbäume zum beginnenden Frühjahr in allerjämmerlichstem Zustande erblicken musste? Schauerlich! Da krebst und dörrt das obere Geäst aufs Bedrückendste herum; ja es ist wahrlich nicht gut bestellt um solch ein armes Baumgewächs. Aber wo die Not am größten ist, naht womöglich auch schon die Rettung. Hier sollte sie in Form von Kalk- (gelöschter Kalk) und Düngergaben versucht werden. Der Grund für das frustrierende Kümmern der Bäume könnte vor allem in einem drastischen Kalkmangel des Bodens liegen. Nun hat sich bei der hier angestrebten Problemlösung als Dünger Thomasmehl, ein

Manchmal ist ein kräftiger Düngerschub notwendig, um aus einer bedrohlichen Kraftlosigkeit heraus zu kommen.

Mineraldünger, bewährt. Denn vor allem der Dünger schiebt ja das Wachstum an. Bei der Gipfeldürre sollte man mit großzügigen Gaben von Kalk und Dünger die Rettung wagen; beide Stoffe gräbt man zum Frühjahr hin im Baumbereich unter. Die betroffenen Bäume müssen sich außerdem einen Rückschnitt gefallen lassen.

Eine konsequent naturgemäße Vorgehensweise hinsichtlich der Düngerwahl führt auch in diesem Falle wahrscheinlich genauso zum Erfolg, zumal wenn der Grund der Kümmernis vor allem in Kalkmangel bestehen sollte. Hornmehl (mit Anteilen von Blutmehl) stellt ebenfalls einen sehr wirksamen Dünger dar. Damit sollten wir es probieren.

Der richtige Erntezeitpunkt von Kräutern

Wenn man den richtigen Zeitpunkt für etwas wählt, kann das selbst bei schlechtestem Willen nie falsch sein, was wiederum auf die Ernte von Kräutern angewendet bedeutet, dass terminbezogene Gutwilligkeit hier absolut aromaintensivierende Auswirkungen haben würde. Der richtige Moment zum Ernten von Kräutern mit dem Ziel einer hohen Aromaausbeute ist kurz vor der Blüte bzw. zur gerade beginnenden gegeben, und zwar bei trockener Witterung (Schimmelvermeidung). Der falsche Zeitpunkt ist derjenige nach der Blüte; mit Duft- und Geschmackseinbußen bis hin zu niederschmetternden Totalverlusten wird die Ernte-Bummelei bestraft. Man kann aber selbst einen ganz hervorragenden Aromaertrag noch recht komplett wieder verplempern, indem man, bewundernswert akkurat womöglich noch, die zu hübschen Sträußchen gebundenen Kräuter zum Trocknen in die lachende Sonne hängt. Wem dann beim Würzen überhaupt nicht zum Lachen ist, kann man sich wohl denken. Am ergiebigsten zeigt sich das Kraut, sofern nicht nur der Erntezeitpunkt weise gewählt wurde, sondern für einen möglichst bedächtigen Trocknungsvorgang gesorgt wurde. Dazu gehört noch der richtige Ort: trocken, luftig, lichtgeschützt.

Frische Küchenkräuter müssen nicht unbedingt aus dem Garten stammen; man kann sie auch auf Balkon und Terrasse ziehen. Hier: Pimpinelle, Rosmarin, Schnittlauch, Lavendel, Minze, Kresse und Liebstöckel.

Zwiebeln auf ungünstigem Boden – wir müssen sie ja nicht gleich roden

Sollten einem mehrere Jahre hintereinander bei üblicher guter Pflege die Zwiebeln nicht geraten, immer wieder vor allem nur hochgeschossene Strünke die Beete belagern, greife man beherzt zu ganz neuen Strategien. Denn ganz offenbar ist dies unverzichtbare Gewächs mit der gegebenen Bodenqualität nicht einverstanden. Wenn nicht ohnehin bereits in Reihe gesät wurde, tue man dies

Gelegentlich muss man dem Zwiebelgemüse auf die Sprünge helfen.

ab sofort. Erblicken dann die neuen Kandidaten gerade so das Licht der Erde, lockern wir die Zwiebelbeete auf und bringen eine dünne Schicht aus verrottetem Mist oder kalkhaltigem Kompost auf. Diese Düngeschicht kann ohne Bedenken unmittelbar bis an die Pflänzchen gelangen, der Zwiebeltrieb besitzt genügend Kraft, sich durch eine dünne Decke zu arbeiten. Neben dem düngenden Effekt sorgt diese Schicht zugleich für ein besseres Feuchthalten des Beetes. Wenn vielleicht auch keine Superausbeute mit dieser Maßnahme zu erreichen ist, wird man aber bestimmt befriedigendes Mittelmaß anstelle von Gestrüpp ernten. Nach dem Motto: lieber eine hübsche, kleine Zwiebel im Topf, als lauter hohle Strünke im Beet.

Gurken: besonders empfindliche Gemüsepflanzen

Gurken sind gar empfindliche Geschöpfe, und ehe wir sie auf dem Teller haben, müssen wir ihnen erst mal über drohende Wachstumsstockungen hinweghelfen. Denn genau hier liegt bei der Gurke der Hase begraben, keine andere Pflanze verhält sich diesbezüglich so zickig. Mit den meisten Wachstumsstockungen und dem daraus folgenden Krankheitsbefall und Ähnlichem ist leider ausgerechnet im warmen Mistbeetkasten zu rechnen. Dort reicht die produzierte Wärme wohl noch aus, im (späten) Frühjahr größere Temperaturschwankungen auszugleichen. Aber letztlich ist des öfteren nicht wirklich genügend lange Wärmekraft vorhanden, um bei den Gurken für den notwendigen durchgängigen Wachstumsschub zu sorgen. Leider bemerkt man die Stockungen erst, wenn die Pflanze sich ganz verstockt und schon gelb zu verfärben beginnt, womöglich Blattläuse Unheil anzurichten im Begriff sind. Kommen zum Gelbwerden der Blätter noch brandartige Flecken hinzu, ist es aus und vorbei mit den Erntefreuden. Die Erde aus so einem befallenen Mistbeetkasten muss man nun leider als regelrecht durchseucht ansehen, sie müsste bei weiterer Verwendung erst einmal ordentlich von Väterchen Frost durch die Mangel getrieben werden. Früher hat man bei Weiterverwendung des Kastens im gleichen Jahr diesen mit Tabak ausgeräuchert und anschließend mit Seifenwasser gründlich gereinigt. Die Desinfizierungsarbeit kann man aber auch wiederum dem Frost überlassen, der Kasten müsste in diesem Falle frei, also von allen Seiten angreifbar, aufgestellt werden.

Gut aufgehoben sind die jungen Gurken im Mistbeetkasten schon, aber ihr Wachstum darf nicht ins Stocken geraten.

Die Wahrscheinlichkeit, gesunde, schöne Gurken ernten zu können, wächst mit folgenden Voraussetzungen: Verwendung findet ein nahrhafter Boden aus abgelagerter Kompost-, Laub- und Mistbeeterde, der man etwas Kalkstaub zusetzt und die im Winter ordentlich Frost durchmachen musste. Gibt es später Zweifel darüber, ob eine ausreichende Menge an wärmeerzeugendem Dünger verfügbar ist (der Düngerumschlag im Kasten muss zwischendurch ersetzt werden), sollte man den Gurkenkasten nicht vor Ende März in Gang bringen. Im Kasten ist stickige, trockene Luft zu vermeiden, man nutze vor allem die warme Tagesmitte, um dem Kasten Luft zuzuführen, schütze die Pflanzen allerdings vor Zug. Vor prallem Sonnenschein sind sie ebenfalls zu bewahren. Ein halbschattiger Standort stellt mithin einen guten Kompromiss dar, wenn man nicht ständig auf der Hut sein will. Die Frühlingsnächte können sehr kalt werden, deswegen müssen Gurkenkästen nachts abgedeckt werden. Die Wasserversorgung nimmt man schonend

Will man seinen wärmeliebenden Gurken etwas Gutes tun, pflanzt man sie ins geschützte Frühbeet.

vor, indem eine Überbrausung vermieden wird; die Erde jedoch und die Kastenwände sollten überall stets feucht gehalten werden. Abhängig von der Wuchsfreudigkeit bestückt man die Kästen mit ein bis zwei Pflanzen, es darf jedenfalls kein erstickendes Urwalddickicht entstehen. Wenn schließlich genügend Fruchtranken und Ansätze ausgebildet sind, entfernt man alle ansatzlosen Ranken. Ist der Kasten erst einmal mit fruchtbesetzten Ranken gut ausgestattet, werden diese entspitzt bzw. zurückgeschnitten.

Die Fenster von Mistbeetkästen mit Sommergurken werden natürlich aufgestellt, so können die Gurkenranken nach allen Seiten hin die nähere Umgebung erkunden. Diese wird dann besonders an trockenen, heißen Tagen ebenfalls schön feucht gehalten. Und dieser insgesamt ausgesprochen gurkenfreundliche Ton wird dann sicher gehöriges Wachstum bewirken.

Gurken, liegend gezogen, wollen es sauber und trocken haben.

Gurkenjünglinge in Töpfen

Die zum Auspflanzen in Mistbeetkästen vorgesehenen Gurken sollten wir nicht allzu lange in kleinen Töpfen stehen haben. Es geht ihnen dann wie leider vielen von uns, sie verknöchern. Doch im Gegensatz zu den Gurken, muss das auf uns Menschen nicht zutreffen.

Nochmals Gurken

Dies Gemüse zeigt sich wahrlich, wie bereits erwähnt, etwas mimosenhaft. Zum Beispiel mögen Gurken es gar nicht leiden, auf feuchtem Boden zu liegen. Also gut, das müssen wir akzeptieren. Wir sind bereit, ihnen an so einem Ort eine Reisigdecke unterzulegen. Sie werden es hoffentlich danken.

Moos lockert lehmigen Boden auf

Den unterschiedlichsten Bedingungen in unseren Gärten stehen mannigfaltige Möglichkeiten gegenüber, darauf jeweils mit Erfolg einzugehen. Das gilt auch für die grundsätzlich feststehenden Bodenverhältnisse, die eben die Grundlage bilden. Wenn man zum Beispiel mit sehr lehmhaltigem Boden gärtnern muss, kann das einem das Gartenleben ganz schön schwer machen. Nicht nur von der körperlichen Anstrengung bei der Bearbeitung der zähen, klebrigen Masse her gesehen. In so einem Boden will vieles nicht recht gedeihen, zumal an solchen Standorten häufig auch noch Staunässe für Ärger sorgt. Wer das Pech mit so einem Boden hat, außerdem keinen Zugriff auf ausreichend Dünger besitzt, aber auf viel Moos, der kann damit seinen Boden nachhaltig auflockern. Nun ist damit nicht die Plünderung von Waldbeständen gemeint; was früher als Problem vielleicht gar nicht wahrgenommen wurde, wäre heute natürlich überhaupt nicht zulässig. Man müsste es also schon in ziemlichen Mengen im eigenen Garten vorfinden, wo es manchmal sogar stört. Sollte es also zur Verfügung stehen, kann man einen Komposthaufen ansetzen, dessen Material aus einem Gemisch von Moos, vorhandener Erde und Kalk besteht.

Nach einem Jahr Verrottung findet dieses Material als Dünger auf den Beeten Verwendung. Eine weitere Herangehensweise besteht darin, den lehmigen Boden im Herbst durchzugraben, über Winter mit Moos abzudecken und das Moos im Frühjahr unterzugraben. Nach jeder Pflanzung wären überdies die Beete mit Moos abzudecken, wie man es vom Mulchen her kennt.

Stiefmütterchen sind gern gesehene Farbtupfer im frühjährlichen Blumenbeet.

Wichtig ist aber, bei dieser Mulchmethode reichlich Kalkgaben auf und in den Boden zu bringen, damit der Zersetzungsprozess gut in Schwung kommen kann.

Hoher Nährstoffbedarf bei Stiefmütterchen

Sicherlich sind die kleinen Blümchen nicht dazu geeignet, einen in sprachloses Staunen zu versetzen. Dennoch sehen sie ganz süß aus, wenn man sie nett platziert hat, und sind hübsche Farbtupfer in den Beeten. Wir wollen sie also nicht stiefmütterlich behandeln, son-

Die Quecke hilft, Böschungen zu festigen.

dern ihnen, falls sie bei uns nicht so recht gedeihen wollen, die wahrscheinlich fehlende Nahrung liefern, davon brauchen sie nämlich reichlich. Verrotteter Dünger (Kompost) kann da nachhelfen, und eventuell ist zusätzlich eine Kalkdüngung notwendig. Ganz allgemein kann gesagt werden, dass sich Stiefmütterchen, gut mit Nährstoffen versorgt, auf mildem, lockerem Boden wohl fühlen. In rauen Gegenden empfiehlt sich übrigens zur Überwinterung eine anderswo nicht erforderliche leichte Abdeckung, am besten mit Fichtenreisig.

Keine Angst vor der Quecke, nutze sie zu höherem Zwecke

Das sagt sich so leicht dahin, mag mancher denken. Und sicherlich muss man ihm Recht darin geben, dass einem die Quecke in Kulturland eher zu schierer Verzweiflung als zu irgend etwas anderem treiben kann. Dennoch gibt es Momente im Leben eines Gärtners, da könnte sie einem glatt willkommen sein. Diese Momente bestünden in kahlen Böschungen, von denen regelmäßig Boden durch Regengüsse weggespült wird. Die Quecke würde so eine Fläche rasch erobern und befestigen, was im übrigen auch optisch keineswegs verzweiflungstreibend wirkte, im Gegenteil. Nur müsste man unbedingt Vorsorge treffen, dass einem das unbändige Gewächs nicht doch noch in die Beete gelangt. Denkbar wäre, mit hochgestellter (Teich-) Folie, senkrecht in den Boden eingelassen, eine Abgrenzung zu schaffen.

Die gewünschte Queckenbrut, die unsere kahlen Gebiete überfallen soll, stellt man folgendermaßen her. Quecken werden als fingerlange Stücken in einen Erdbrei gemixt und dieser auf die vorher geglättete und angefeuchtete Böschungsfläche befördert. Eine leichte Schicht Sand oder Erde bildet abschließend eine stabilisierende Schutzschicht. In diesem Sinne wollen wir leben und leben lassen, und können sogar die Quecke als guten Nachbar mutig willkommen heißen.

Die richtige Zeit für den Schnitt am Walnussbaum

Bei der Frage, wann der Baumschnitt richtigerweise erfolgen soll, steht man regelmäßig vor der Frage: Frühjahr oder Herbst. „Wann denn nun?“ denkt man sich dann weiter und ist jetzt bestimmt erfreut, für das Beispiel Walnussbaum von Großvater eine klare Orientierung zu bekommen: Am besten im Herbst, sobald die Nüsse runter sind. Das Frühjahr birgt den Nachteil, insbesondere wenn der vorzunehmende Schnitt bis ins alte Holz reichen wird, dass der Baum im Saft steht, von dem er nichts zu verlieren hat.

Walnüsse aus dem eigenen Garten – ein besonderer Genuss zur Herbst- und Winterszeit, den man sich durch regelmäßige Baumpflege erhalten sollte.

Schnitt an frisch verpflanzten Bäumen, sollte man auch nicht versäumen

Möglicherweise hat man eine gewisse Scheu, einem gerade verpflanzten Baum gleich zu Leibe zu rücken und ihm die Zweige zu beschneiden. Das ist so typisch nach der alten Devise: „Wo gehobelt wird, da fallen Späne“, mag mancher zweifelnd grummeln. Aber genau dieser Schnitt gleich nach der Verpflanzung wird seiner weiteren Entwicklung förderlich sein. Obwohl der Baum durch den Eingriff tatsächlich einiges an Reservestoffen verliert, gewinnt er nachhaltiger an Aufbaukräften. Er braucht nach dem Schnitt nämlich nur eine wesentlich geringere Anzahl an Knospen mit Nährstoffen zu versorgen. Und auch die neu hinzukommenden Triebe erhalten entsprechend mehr Aufbaustoffe. Ein ungeschnittener Baum müsste seine Energie auf eine Vielzahl mehr Knospen und Triebe verteilen, die Säfte in höhere, engere Regionen treiben und über den ganzen Sommer auch noch die Verdunstung an kahlen Stellen verkraften. Man würde in so einem Falle beobachten können, dass lediglich ein Teil der Augen und diese auch nur zu kurzen Trieben austreiben würden. Und manche Beobachtung kann man sich halt schenken.

Kohlrabi – frisch und knackig: das Anhäufeln von Erde im frühen Stadium würde seine Zartheit und Qualität noch fördern.

Plädoyer für das Anhäufeln von Gemüsepflanzen

Dass man Kartoffelpflanzen anhäufelt, wird man fraglos als Binsenweisheit betrachten können. Ob das Wissen um die Vorzüge des Anhäufelns anderer Gemüsepflanzen Allgemeingut ist, darf hingegen bezweifelt werden. Nun, für den Zweifelsfall sollen jetzt hier gleich die wichtigsten Pluspunkte genannt sein:
Das Anhäufeln mit Erde gibt den Pflanzen einen stabileren Stand. Ein weiterer Vorteil ist, dass die Pflanzen an den mit Erde bedeckten blätterlosen Stielteilen Wurzeln ausbilden werden, die für eine üppigere Nahrungsversorgung sorgen, was mit gesteigertem Wachstum beantwortet wird. Auch die Knollen – nicht nur die der Kartoffelpflanze, auf die wir's doch abgesehen haben – zeigen sich ganz angetan vom Erdmäntelchen. Sellerie belohnt eine Ausstattung mit Schutzhügeln mit Knollen-Zartheit, Kohlrabi tut desgleichen, wenn man ihn anhäufelt, sobald sich seine Knollen oberhalb der Erdoberfläche ausgebildet haben. Selbst Möhren sagt es zu, mit einem ganz kleinen Hügelchen bedacht zu werden. Gar nicht leckere Grünköpfigkeit gehört so der Vergangenheit an. Die Möhren bekommen ihren Mini-Hügel aber erst, nachdem die Wurzeln ungefähr zu Federkielstärke herangewachsen sind.
Als Richtschnur für den richtigen Zeitpunkt der Anhäufelung halte man sich an diese Faustformel: Sobald sich die Pflanzen ein Stück aus der Erde erhoben haben, ein wenig kahlen Stiel vorzeigen bzw. Wurzelköpfe oder Knollen sichtbar werden. Wichtig ist es, dass die Anhäufelerde nicht knochentrocken ist, ein Guss vom Himmel oder aus der Kanne vom Vortag ist eine wichtige Voraussetzung. Allerdings darf die Erde nicht schmieren, lockerer, feuchter Boden ist gefragt. Mit dieser Methode, die auch für etliche anderen Gemüse wie Porree, Artischocken und praktisch alle Kohl-

arten vorteilhaft ist, erzielt man obendrein einen sowieso außerordentlich nützlichen Effekt: das unter allen Gesichtpunkten förderliche Lockern des Bodens. Wir selber also sollten bei der Aussicht auf diese kleine Mehrarbeit ebenfalls schön locker bleiben, schließlich lohnt es die Mühe.

Sommeraussaaten – ein gewisser Schutz ist zu raten

So eine gut geführte Gemüseabteilung im eigenen Grün bereitet schon manche Mühe, machen wir uns doch nichts vor. Jeder Kniff und jede kleine Unterstützung sind uns willkommen. Sommeraussaaten beispielsweise können zu echten Spielverderbern werden, zumal wenn Sonne und Wind ein Auflaufen praktisch unmöglich machen oder uns mindestens mit kümmerlichen Ergebnissen quälen. Wir wollen aber ziemlich vergnügt sein so in unseren Beeten, und deswegen sollten wir zur Sommerzeit besäte Beete mit feuchten Säcken abdecken und diese feucht halten. Dann kann eigentlich nichts schief gehen.

Was der Keimung kaum entsprungen, könnte rasch verdörren.

Nelken nicht zu früh in Töpfe, sonst gibt es keine Blütenköpfe

Eine Kenntnis darüber, wie man mit bestimmten Nelkenarten, die man in Töpfe umzusetzen gedenkt, richtigerweise verfahren sollte, stammt aus der Gemeinde der Erwerbsgärtner. Das gesteckte Ziel lautet, dass die eingetopften Blumen zu einer ansehnlichen Blüte gelangen sollen, und genau daran haperte es wohl häufig. Wer also beabsichtigt, Chabaud-, Remontant- oder Margareten-Nelken in Töpfen zur Blüte zu bringen, habe Folgendes im Blick: Beim Einpflanzen in die Töpfe ist darauf zu achten, dass dies zum rechten Zeitpunkt geschieht, nämlich während des passenden Entwicklungsstadiums. Im späteren September, Anfang Oktober wird es so weit sein, sich anzuschauen, wie weit die Knospenbildung vorangekommen ist. Wer hier nicht aufmerksam auszuwählen weiß, wird in keinen großen Blühgenuss kommen können. Lediglich die Knospen, welche Aus-

Bei Gummifluss an der Veredelungsstelle muss man eingreifen.

kunft über ihre Blütenfarbe geben, sind zum Umzug in den Topf bereit. Andererfalls sind die Blumenblätter in der Knospe noch nicht entsprechend vorgebildet. Durch die Umpflanzung in den Topf kommt es eben unweigerlich zu einer Wachstumsstörung. Und diese muss das Pflänzchen überwinden können, wofür wir ihm eine Chance geben müssen. Zum richtigen Entwicklungsstand muss sich außerdem die gute Behandlung gesellen. Sie besteht darin, die Pflanzen nach dem Eintopfen großzügig zu gießen, tagsüber öfters zu bespritzen und für einige Tage schattig, in geschlossene Räume zu stellen. Haben sich nun erwartungsgemäß nach wenigen Tagen neue Wurzelschichten gebildet, kommen die Töpfe wieder in eine luftigere Umgebung, wo jedoch nur mäßig warme Temperaturen herrschen dürfen. So bringen wir die weitere Entwicklung in eine langsame Gangart, was der Knospenausbildung und der ersehnten Blühfreudigkeit sehr zugute kommen dürfte.

Gummifluss an jungem Bäumchen, da drehen wir besser nicht nur Däumchen

Leider ist es kein gutes Zeichen, wenn bei einem jungen Baum sogenannter Gummifluss an der Veredelungsstelle auftritt. Bevor wir allerdings alle Hoffnung auf zukünftiges Ernteglück sausen lassen, unternehmen wir einen Rettungsversuch. Mit verdünntem Essig bestreichen wir die betroffene Stelle. Als zusätzliche Maßnahme nehmen wir eine starke Kalk- und Hornmehldüngung vor. Diese Kombination aus Desinfizierung der kranken Stelle, Bodenaufbereitung und Nährstoffschub ist dann womöglich genau die Hilfe, die der Baum gerade braucht.

Selbst Veredeln wage man, wenn da einer ist, der es kann

Es ist selbstverständlich im Handumdrehen geschehen, in eine Baumschule zu laufen und einen Obstbaum bevorzugter Wahl in Auftrag zu geben. Gelegentlich reizt jedoch das eigene Hand-

Das Edelreis muss genau in die vorgeschnittene Kerbe passen. Mit Bast oder einem speziellen Kunststoffband wird die Veredelungsstelle fest umwickelt.

werk und warum nicht mal einen Veredelungsversuch selbst in die Hand nehmen. Das kann insbesondere dann von großem Interesse sein, wenn man einen köstliche Früchte hervorbringenden Obstbaum stehen hat, von denen man problemlos noch ein paar mehr naschen könnte. Großvater will hier guten Mut zusprechen, räumt jedoch zugleich ein, dass eine Veredelungsmaßnahme, wenn sie zum ersten Mal erprobt wird, doch fachliche Begleitung erfahren sollte. Entweder man hat da eine kenntnisreiche Person an der Hand oder man greift zur Fachlektüre und macht sich damit kundig, u.a. über die verschiedenen Methoden. Einige grundlegende Hinweise sollen hier aber doch schon mal das Interesse wecken helfen.

Auf einen Stamm einer sogenannten Wildlingsunterlage, dass ist in der Regel der Stamm eines Baums verwandter Obstart, kann ein Edelreis gesetzt werden. Der Edelreis ist ein Zweig des zu

Bei der Veredlung von Unterlage und Edelreis muss jeder Handgriff sitzen.

Die Größe der Pflanzgrube muss der des Wurzelwerks, mit oder ohne Ballen, angepasst sein.

„vermehrenden" Lieblingsbaums und sollte relativ jung und kerngesund sein. Keineswegs ist es nun beliebig, wo man die Veredelungsstelle ansetzt. Das ausgewählte Edelreis wird entweder auf den Hauptstamm des Wildlings oder, bei älteren Bäumen, auf den eingestutzten Hauptast gesetzt. Es gibt unterschiedliche Veredelungsmethoden, und wenn man zum ersten Mal einen Versuch unternimmt, sollte diejenige Methode zum Zuge kommen, deren Handhabung einem am ehesten beherrschbar erscheint. Das könnte beispielsweise das Pfropfen in den Spalt eines Stammes bzw. Astes sein.

Die Verwandtschaft der Obstarten bildet die Hauptorientierung. Aber es gibt gewisse Spielräume; Birnensorten etwa nehmen auch die Quitte als Unterlage an, Pfirsiche und Aprikosen akzeptieren Pflaumen und deren Verwandte. Manche zunächst naheliegende Kombination allerdings funktioniert gar nicht erwartungsgemäß: Süßkirsche auf Sauerkirschunterlage veredeln zu wollen endet bald damit, dass die starkwüchsige Süße sauer reagiert. Und eine gedeihliche Zusammenarbeit lässt sich eben auch nicht unter der netten Verwandtschaft erzwingen.

Obstbäume pflanzen im Frühjahr oder Herbst?

Wenn man sich nach langem Hin und Her schließlich für einen schönen Obstbaum entschieden hat, ergibt sich mal wieder die Frage: Beglücken wir uns jetzt gleich im kommenden Frühjahr mit ihm oder ist eine Herbstpflanzung nicht doch besser? Eine Faustformel dafür lautet: In warmen Lagen, ausgestattet mit leichten, durchlässigen Böden, ist eine Herbstpflanzung gut möglich. Allerdings darf man nicht zu dicht an die Winterzeit mit ihren Frösten geraten. Dann drohen Wurzeln zu erfrieren und

Wurzelwunden offen zu bleiben. Damit würde einer Fäulnisbildung mit möglicherweise vernichtender Wirkung Vorschub geleistet; je nach Umfang des Schadens „verdursten" (vertrocknen) anschließend derart geschädigte Bäume. Spätestens in der zweiten Oktoberhälfte sollte der Baum an seinen neuen Standort kommen. Leicht geschädigte Bäume – sie wachsen schlecht an, die Wurzelenden werden schwarz – kann man übrigens eventuell noch retten: Baum wieder rausnehmen, Wurzelbeschneidung vornehmen und nochmals sorgfältig einpflanzen. Die Frühjahrspflanzung empfiehlt sich bei schweren, kalten Böden. Wer die unter Umständen üppigere Herbstauswahl in den einschlägigen Baumschulen für die Obstbaum-Auswahl nutzen will, kann das gute Stück dann auch, sofern der Standort für eine Herbstpflanzung nicht so empfehlenswert ist, erst einmal an geschützter Stelle einschlagen. Im Frühjahr, bevor die Knospen austreiben, schneidet man die Wurzeln zurück. Dann startet unser Liebling bestimmt gut durch. Eins sei noch erwähnt: Baumpflanzer sollten stets darauf achten, das Pflanzloch dem Wurzelballen vernünftig anzupassen, tief genug auszuschachten und am besten für eine gute Auflageschicht gelockerten Bodens zu sorgen. Auch schön darauf achten, dass der Ballen nicht auseinander fällt bzw. das Wurzelwerk dicht mit Erde umkleidet ist. Ein Gießring um den Ballenbereich, der das Wegfließen verhindert, gehört ebenfalls zur guten Pflanzausstattung. Und nicht das gründliche Einschlämmen versäumen!

In den ersten Jahren nach der Pflanzung müssen wir uns mit einer kleineren Ernte der Apfelbäumchen zufrieden geben.

Bei Herbstpflanzung folgt Kronenschnitt! Ist das falsch oder richtig?

Besonders bei spät im Herbst gepflanzten Bäumen ist ein Rückschnitt gleich bei der Pflanzung nicht ganz unproblematisch. Der Winter wird es oftmals mit sich bringen, dass ein gutes Stück Holz unterhalb des Schnitts eintrocknet. Oft geht das soweit, dass das oberste Auge, aus dem wir den Verlängerungstrieb erwarten, mit abstirbt. Und das ist für den Kronenaufbau überhaupt nicht förderlich. Man kann zwar nochmals mit einem Rückschnitt reagieren, aber wie weit will man das denn treiben, ohne dabei die Gesamtentwicklung zu stören? Besser ist es, mit dem Zurückschneiden bis zum bevorstehenden Frühling (Februar, an frostfreien Tagen) zu warten.

Ungleichmäßiger Baumwuchs – was kann man tun?

Wenn ein Baum gewissermaßen aus dem Gleichgewicht geraten ist, eine Seite also nach einiger Entwicklungszeit mit kräftigem Geäst, die andere dagegen nur dürftig ausgestattet ist, sollte man eine Ausbalancierung anstreben. Bevor man jedoch daran geht, in das Baumwachstum direkt einzugreifen, schaue man nach möglichen Ursachen für das Ungleichgewicht. Wie sieht die unmittelbare Umgebung aus, wo ist Licht, wo Schatten, von wo greift das Wetter an, wie dicht stehen Nachbarpflanzen oder sind von anderer Seite Einflüsse denkbar (begrenzende Gebäude etc.)? Einer beseitigbaren Ursache müsste natürlich das Hauptaugenmerk gelten, daneben wage man dann die direkte Korrektur. Hierzu ist es erforderlich, den Hauptast der schwachen Seite zu ritzen. Mit einem entsprechenden Werkzeug schneide man an mehreren Stellen kräftig in die Rinde. Man sollte dies allerdings nicht in der Zeit tun, wenn der Baum in vollem Saft steht. Neben dieser Provokation der Wachstumskräfte der schwachen Seite muss zusätzlich die starke geschwächt werden. Es ist nicht zu ändern: Im Sommer müssen wir ihm an dieser Seite einen Teil seines Blattkleides entwenden und den Leittrieb entspitzen. Im Frühjahr ist außerdem ein kräftiger Rückschnitt erforderlich, wobei wir damit so lange warten, bis die Äste ausgetrieben haben. So schlägt die beabsichtigte Schwächung besonders hart an. Das ist sicherlich eine recht deftige Vorgehensweise; aber ehe der Baum vollkommen aus dem Ruder zu laufen droht, sollte man ihn zu zügeln versuchen.

Die rosa Blüten der Apfelbäume ziehen im späten Frühjahr nicht nur unsere Blicke, sondern auch Bienen und Hummeln an.

Junge Obstbäume in altem Obstgarten – da kann man manchmal ewig warten

Man könnte meinen, hier kriegen sich Jung und Alt in die Haare. Da hat man seit vielen, vielen Jahren seinen Obstbaumbestand gut im Griff, schöne Ernten an gesunden Bäumen. Gut, denkt man, an die Stellen der dann doch irgendwann eingegangen Freunde pflanze ich gleich wieder neue Ersatzbäume. Und dann das Dilemma: die Neuen kümmern nur so vor sich hin, von toller Ernte keine Spur. Tja, wahrscheinlich liegt das Problem im Boden, er ist sozusagen Obstbaum müde. Die altehrwürdigen Bäume haben über die Jahre ihre Wurzeln weiträumig verzweigt, sie sitzen fest und gut versorgt im Sattel. Die Frischlinge jedoch können mit ihrem jungen Wurzelapparat nicht ausreichend Nahrung aus so einem Bodenbereich ziehen, auch entwickeln sich die Wurzeln dort nicht wunschgemäß. Um dennoch eine gewisse Chance auf eine anständige Baumentwicklung an alten Stellen zu haben, müsste man mindestens einen Fruchtwechsel vornehmen (nicht anders geht es auf dem Acker zu) und auf Kernobst Steinobst (bzw. umgekehrt) folgen lassen.

Beim Umgang mit jungen Bäumen sollte man lieber nicht träumen

Auch im Umgang mit jungen Bäumen kann man als Heißsporn einige nicht gut zu machende Fehler begehen. Bei Jungbäumen, die noch nicht tragen sollen (sondern erst eine gewisse Größe und Stabilität der fruchttragenden Äste erreichen sollen), kneift man besser nicht die Blüten aus. Verfährt man so, können kahle Stellen entstehen, und von nichts kommt nichts. Man bezähme seinen Handlungstrieb und lasse die Blüten verblühen. Erst die jungen Früchte werden abgeschnitten. Zwischenzeitlich haben sich die Nebenaugen so weit entwickelt, dass sie austreiben. Und so ist es gut für Baum und Ernte.

Wundervolle Herbstfärbung – hierfür braucht es keine Werbung

Noch etwas ebenfalls Grundlegendes soll hier für diejenigen zur Sprache kommen, die nicht nur den Gaumen kitzeln wollen, sondern ebenso daran interessiert sind, köstliche Nahrung für ihre Augen bereit zu stellen und dies nicht nur im Frühjahr und Sommer.

Es wird wohl gemeinhin an wunderbar blühende Landschaften gedacht. Aber hinreißende Blütenpracht bietet freilich nur eine, wenn auch fraglos eine mächtig beeindruckende Seite der Gartenpflanzenwelt. Was sich nach wie vor eher

Einige Gehölze entwickeln im Herbst eine besonders beeindruckende Laubfärbung, die den Garten zu dieser trüben Jahreszeit belebt.

einer gewissen Vernachlässigung ausgesetzt sieht, ist das bewusste Spiel mit der gleichfalls unglaublichen Farbintensität herbstlichen Laubes einer großen Zahl der uns zur Verfügung stehenden (heimischen) Gehölze. Da glüht einem im auslaufenden Gartenjahr noch einmal die ganze Kraft und Fülle der Pflanzennatur entgegen.

Die Intensität der Herbstfärbung hängt wie andere Pflanzenmerkmale u.a. vom Standort ab. Insbesondere spielt hier natürlich die Sonne eine entscheidende Rolle, die Färbung an eher schattigen Lagen würde spärlich ausfallen, woran bei der Planung von Anpflanzungen zu denken ist. Es folgen ein paar Beispiele von Kleinbäumen und Sträuchern mit schöner Herbstfärbung (vieles ist wahlweise als Baum oder Strauch zu beziehen). Bei der Auswahl hat Großvater sich nicht danach gerichtet, ob das Genannte altbekannt ist. Ihm ist es hierbei wichtig, dass mehr Farbe in den herbstlichen Garten kommt:

Dünne Stämmchen, Zweige und Stiele sind hier gut geschützt.

Die Kupfer-Felsenbirne (*Amelanchier lamarckii*, orange) ist wegen ihres breit ausladenden Wuchses öfter in Parkanlagen anzutreffen; Thunbergs Berberitze (*Berberis thunbergii*, gelb-orange, rot) ist als Heckenpflanze und als Einzelgewächs zu verwenden; verschiedene Hartriegelgewächse, z.B. der Blumen-Hartriegel (*Cornus florida*, rot-braun), er blüht und bildet eine rote Frucht aus, bieten sich an, ebenso der Scharlachdorn (*Crataegus pedicellata*, gelb, orange) oder der Weißdorn (*Crataegus prunifolia*, orange, rot) und das Pfaffenhütchen (*Euonymus europaea*, bronzerot, rot), hier sind verschiedene Sorten erhältlich. Von der Traubenkirsche (*Prunus padus*, gelb, orange) gibt es spezielle Gartenformen mit reichem Blütenbesatz und auch der Japanische Schneeball (*Viburnum plicatum*, violett-rot, orange) besticht durch seine Blütenpracht. Jede gut sortierte Baumschule wird die Liste spielend verlängern können.

Der Gemüsegarten im Winter: nach den letzten Ernten kehrt Ruhe für Gärtner und Garten ein.

Winterschutz im Garten

Mancher wird sich vielleicht fragen, vor welchem Winter eigentlich wer oder was im Garten geschützt werden soll. Nun, es ist zwar momentan nicht so weit her mit ordentlich Frost, Schnee und allem was so dazugehört. Nichtsdestotrotz: auch eher unspektakuläre Wintereffekte können beträchtliche Schäden verursachen, denen mit relativ wenig Aufwand vorgebeugt werden kann.

Bei (Obst-)Bäumen, zumal jungen, ist das Bedecken des Wurzelbereichs mit Stroh beispielsweise sinnvoll. Gerade wenn die an sich schützende Schneedecke bei stärkeren Frösten fehlt, können diese in Tiefen vordringen, welche die auch im Winter vorhandene Wurzeltätigkeit für die Wasseraufnahme unmöglich machen. Gerade bei sehr jungen Obstbäumen ist es auch sinnvoll, einzelne, empfindliche Stellen mit einem Teilschutz zu versehen. Bei manchen

Prunus- Arten ist die Veredelungsstelle sehr empfindlich. Etwas Stroh locker darum gelegt und mit einem Faden festgehalten bietet Schutz vor Frost und ungünstigen Kombinationen von Frost plus Sonne. Es empfiehlt sich auch, empfindlicheren Gehölzen sogenanntes Langstroh umzulegen und die Pflanzen dann recht fest zusammen zu binden. Praktischerweise beginnt man diese Schutzmaßnahme mit dem provisorischen Zusammenbinden der Zweige mit Kokosstrick. Kleinen Bäumchen, aber auch kleinen Gehölzen und Halbsträuchern kann man eine Art Schutzzaun verpassen. Dazu setzt man Einsteckstäbe um den Schützling, legt Drahtgewebe (feinen Maschendraht) herum und füllt den entstandenen Innenraum mit trockenem Laub aus. Solcherart ist die Pflanze nicht nur vor dem Unbill von Witterungseinflüssen geschützt, zugleich erhält sie so einen ganz kuscheligen Prallschutz. Dann können die Kleinen auch im Winter ganz ausgelassen im Garten herumtollen. Auch Stauden, vor allem neu Gepflanzte oder Empfindliche, sagt eine Beschützung zumindest vor starken Frösten zu. Stiefmütterchen, Primeln, Vergissmeinnicht oder die im Spätherbst blühenden Chrysanthemen wissen einen leichten Schutz vor Feuchtigkeit und starken Frösten zu schätzen. Eine Lage Fichtenzweige oder Stroh, gegen Ende November auf die Erde gelegt, gewährleistet diesen zur Genüge.

Etwas Abwechslung braucht der Garten: die Immergrüne Steineiche

Der wohlgestaltende Gärtner, der eben nicht nur gut mundendes und gesundes Obst und Gemüse aus seinem Gartenreich herauszaubern möchte, freut sich über jede sich ihm bietende Möglichkeit, die triste Winterzeit mit gärtnerischen Farbtupfern aufzuheitern. Immergrünes stellt den Rahmen dar; freilich erblickt man weit und breit vor allem die bekannten Nadelgehölze. Die Immergrüne Eiche (*Quercus ilex*) hingegen stellt eine schöne Abwechslung, aber eben offenbar wie zu Großvaters Zeiten immer noch echte Seltenheit dar. Der Name

Die immergrüne Eiche (*Quercus ilex*) bringt Abwechslung und Farbe in das winterliche Gartengrau.

verspricht zwar etwas zu viel, denn für kurze Zeit wirft auch sie ihr Laub ab. Allerdings erst im Frühjahr, im späten März bis April. Und zu dem Zeitpunkt haben wir doch das Gröbste des dunklen Jahresabschnitts bereits hinter uns gebracht. Sie gehört an eher sonnige, geschützte Stellen, wächst langsam, wird bis zu zehn Meter hoch und bildet eine sehr ansehnliche Pyramidenform aus.

Steinbrech, Hauswurz und Polsternelke beleben nach dem Winter mit ihrem farbenfrohen Blütenflor den Steingarten.

Nun denn, soviel wohlgesonnene Werbung müsste jetzt doch was bewirken ...

Kampf gegen Winter-Ödnis

Dass wir den Herbst in feurige Farben hüllen können und auf diese Weise dem doch immer etwas bedrückenden Abschied von der freundlichen, warmen Jahreszeit auch eine sehr schöne Seite abzugewinnen vermögen, konnten wir just mit großer Befriedigung zur Kenntnis nehmen. Aber selbst gegen die Öde des Winters lässt sich gärtnerisch geschickt anarbeiten. Die verschiedenen Steinbrecharten (*Saxifraga*), rasenartig sich ausbreitende, verschiedenfarbig blühende Pflanzen, bieten dem Auge immerhin bodenbedeckendes Grün in der ansonsten zu Kahlheit verdammten kalten Zeit. Sehr hübsch macht es sich außerdem, wenn sich diese Pflanzen teppichartig über Steine, Mauern und Felsen legen und so den Eindruck einer besonders natürlichen Verbindung unterschiedlicher Naturstoffe hinterlassen. Ebenfalls gefällig sind sie als Einfassung zu verwenden. Einige Arten seien kurz genannt, über weitere Pflanzenarten, welche die Winter-Ödnis überwinden helfen (schon mal an die Zaubernuss gedacht?), befragt man die gut sortierte Baumschule:

Saxifraga irrigua, *Saxifraga sternbergi* und *Saxifraga densa* bringen weiße Blüten hervor, *Saxifraga hypnoides purpurea* rote und *Saxifraga rhei* bieten uns hellrosa an.

Vergissmeinnicht: Vergiss mal nicht, wie man sie im Winter zum Blühen bringt

Gerade wenn der Winter mal wieder mit Schnee geizt, sind uns alle Boten einer lebendigen Gartenwelt in dieser kalten, grauen und dunklen Zeit sehr willkommen. Es gibt eine Art des Vergissmeinnicht, – *Myosotis sylvatica* –, die sich besonders für eine Winterblüte eignet. Man kann von dieser Pflanze selbst Stecklinge gewinnen, die, bis zum nächsten Winter zu Frühlingsboten herangewachsen, mit ihrem frischen Grün und leuchtenden Himmelblau trübe Gedanken vertreiben helfen. Zu diesem Zweck schneidet man die Pflanzen nach der Blüte zurück und benutzt die sich anschließend entwickelnden Triebe als Stecklinge. Spätestens im Mai werden diese in lockerer, sandiger Erde in Töpfen zur Bewurzelung gebracht. Im Laufe des Sommers pflanzt man die Vergissmeinnicht (je nach Entwicklungsstand gegebenenfalls mehrfach) in gute Gartenerde um und achtet darauf, dass die Töpfe stets luftig und gleichmäßig feucht (nicht nass) gehalten werden (in Mulchmaterial stellen). Sobald herbstliche Nachtfröste drohen, holt man die Töpfe in einen hellen, frostfreien, aber kühlen Raum. Ab November können wir mit der Treiberei durch Aufstellen an etwas wärmeren, hellen Plätzen beginnen, allerdings darf die Temperatur nicht zu hoch ausfallen. Wenn sich die Knospen zeigen, dürfen die Töpfe auf die Fensterbank. Eine gute Versorgung mit Gießwasser ist jetzt wichtig. Wenn dann einmal die Blüte in Gang gekommen ist, kann man ihre Intensität auch noch ordentlich anstacheln, indem reichlich davon geschnitten wird.

Vergissmeinnicht: blühende Topfpflanze für den Garten. Mit etwas Glück kann man sie im Winter auch im Zimmer zum Blühen bringen.

Wer sich an die Beschaffung dieser Sorte macht, wird wahrscheinlich auf die Namen *Myosotis sylvatica* (früher *M. oblonga*) stoßen. Hier sollte man eine fachkundige Staudengärtnerei zu Rate ziehen, die auch in Hinblick auf mögliche winterliche Blüherfolge anderer Arten oder Sorten Auskunft geben kann.

Der Garten als Baustelle und Werkstatt: Von Wegen, Bauten und guten Absichten

Sicheren Fußes durch die Gartenwelt: gute Wege sind gute Helfer; und sind sie schön, erfreuen sie auch noch das Auge.

Wege im Garten – in vielen Varianten

Wege durch den Garten führen uns zu den Bereichen des Schaffens, stellen die Verbindung her zu den Stellen, von denen etwas geholt oder zu denen etwas gebracht werden soll und geleiten uns zu den Orten der Muse und Erholung.
Wenn wir uns im Klaren darüber sind, wo sie entlang laufen sollen, müssen wir ihre Dimension bedenken, vor allem die Breite. Wo wir mit der Schubkarre entlang wollen, sollten 80 cm möglichst nicht unterschritten werden, zwischen den Beeten reichen allerdings auch 30 cm Wegbreite.
Ganz wichtig ist der akkurate Aufbau des Unterbaus, also der Materiallagen, auf denen der Belag, beispielsweise Steinplatten, aufliegt. Im Garten muss der natürlich nicht die Güte und Belastbarkeit aufweisen, wie es etwa bei befahrbaren Wegen der Fall ist. Aber auf eine gute Festigkeit, so dass sich auch längerfristig keine Dellen bilden, eine Wasserdurchlässigkeit und ein sinnvolles Gefälle (nicht zu stark, in Bereiche führend, wo das Wasser problemlos versickern kann), ist zu achten. Also einfach so irgendeinen Belag auf den Gartenboden legen und fest trampeln, gilt nicht; das Material würde ins „Schwimmen" geraten, im Winter hoch frieren, Stolperkanten bilden, unansehnlich werden und Beschädigungen erleiden.
Sicherlich kann man einen Garten mit seinen Wegen ganz nüchtern, gewissermaßen mit der Schnur durchmessend, gliedern. Nur richtig Freude kommt natürlich erst auf, wenn neben schönen Formen – Wege dürfen ruhig in Bögen verlaufen – auch ansehnliche Materialien zum Einsatz kommen. Neben dem Aspekt der Ursprünglichkeit von Naturstein, wie beispielsweise Sandstein-, Granit- oder Basaltpflaster, laden gerade diese Materialien zum schönen Ausgestalten beim Verlegen der Wege ein. Feine, ja raffinierte Muster oder eingearbeitete Motive sind immer etwas fürs Auge, auf solchen Flächen läuft es sich doppelt gern.
Beim Anlegen der Wege arbeiten wir mit Schnur und Wasserwaage, um präzise

Auch mit Kies- und Rindenmulchwegen lassen sich schöne Akzente zwischen den Beeten setzen.

Verläufe erreichen zu können. Nach Fertigstellung des Unterbaus und des Planums wird der Belag aufgebracht und schließlich befestigt. Gemeint ist das Festschlagen mit Hilfe eines Schlagholzes, eine Art Dämpfung zwischen Pflasterhammer und Belag. Oder der Nachbar kennt einen Freund, der weiß, wo man günstig an einen kleinen Rüttler kommt. Damit lässt sich der Unterbau wunderbar verdichten und auch der Belag prima festrütteln. Optimalerweise schlämmt man dann die Fugen noch mit ganz feinem Sand ein, dann sind sie gleich dicht. So kann nicht gleich Erde in die Ritzen rieseln, in denen das Wildkraut ja am allerliebsten sprießt. Als Tragschicht gibt Großvater nach einigem Ausprobieren dem Splitt den Vorzug gegenüber Sand. Der Belag liegt darauf fester, und insbesondere wird man seelenruhig das untergründige Wühlen und Aushöhlen durch Ameisen vergessen können.

Eine ganz schlichte aber durchaus reizende Bauweise für Wege ist diejenige, die sich auf feinen Kies beschränkt. Man sollte nur wissen, wie man, vor allem mit Blick auf langfristige Festigkeit, beim Anlegen vorgehen muss: Zuerst hebt man die Wegstrecke einige Zentimeter aus, berücksichtige freilich auch hier die Gefälle und verdichte anschließend den Boden gründlich (mit einer schweren Walze oder einem Stampfer). Will man das Hineinwachsen von den Wegrändern her sicher unterbinden, müsste man jetzt eine Kante setzen. Schließlich

Vier stabile Kanthölzer (4 × 4 × 112 cm) bilden die Eckpfosten dieses Regals.

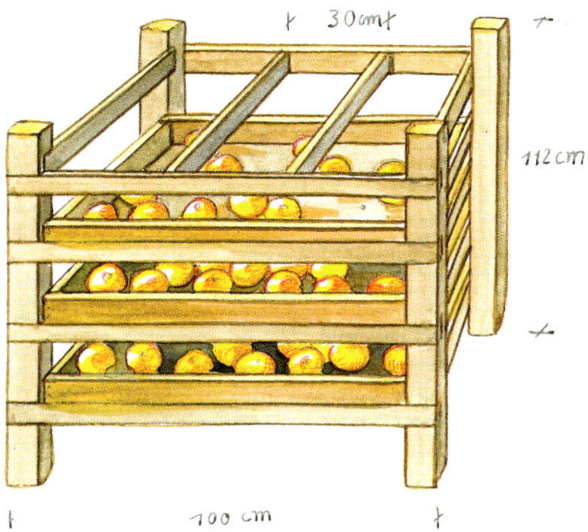

harke man eine wirklich nur dünne Schicht feinen Kieses gleichmäßig abdeckend gründlich ein, walze oder stampfe auch diese fest und lasse sie sich über etliche Wochen durch das normale Begehen weiter eindrücken. Dann kommt die nächste dünne Schicht drauf, sie wird wiederum festgestampft bzw. gewalzt.

Mit der Zeit baut man so mehrere Schichten auf, die letztendlich ein überaus festes, sehr angenehm belaufbares Kiesbett bilden werden. Ab und zu kommt später wieder einmal eine dünne Schicht Kies hinzu, aber dies stellt weder einen besonderen Arbeits- noch Kostenaufwand dar.

Noch unaufwendiger ist das Anlegen von Wegen mit Rindenmulch. Man sollte dafür nur möglichst grobes, sich nicht so schnell zersetzenden Material wählen. Auch solche Wege fügen sich optisch in aller Regel ganz wunderbar in das Gesamtbild einer hübschen Gartenanlage ein.

Praktisches Obstregal

Beim Bau eines Obstregales ist, wie überhaupt bei allen Lagerstätten, die Größenordnung abzuschätzen, wobei eine gewisse Großzügigkeit auch hier nicht schaden würde. Bei dem gezeigten Regal kann man davon ausgehen, dass pro herausziehbarer Schublade ca. 15 kg Obst unterzubringen sind. Da kommt einiges Gesamtgewicht zusammen, so dass verwendete Leisten, Schubladenböden und Pfosten nicht zu dünn ausfallen dürfen.

Was mit dem Kompost kommt und geht, ist uns're gute Bodenqualität

Mit dem Thema Kompost befinden wir uns gewissermaßen in der gärtnerischen Grundschule. Kaum ein Aspekt der Gartenwelt ist so unumstritten verankert in seinem Wert wie der Stoff, aus dem letztlich immer wieder das neu entstehende Gartenleben seine Kraft gewinnt. Sicher gab es in der Vergangenheit immer wieder mal Gemecker, wenn aus einer Kompostecke allzu kritische Gerüche krochen. Aber wie die Kompoststoffe richtig zusammengetragen werden, also was sinnvoller Weise Verwendung findet und nicht etwa dem Rotteprozess entgegenwirkt, wie geschichtet wird, welche Zuschlagstoffe gegebenenfalls hinzukommen usw. soll an dieser Stelle nicht weiter erörtert werden. Großvater hat diesbezüglich schon sehr gründlich Auskunft gegeben („Was Großvater noch wußte", ISBN 3-440-07150-2).

Aber gerne sollen an dieser Stelle einmal nähere Hinweise für den Selbstbau von wirklich soliden Kompostsilos gegeben werden. Was wir dafür brauchen, ist Holz und zwar unbehandeltes, sägeraues Material, beispielsweise Fichten- oder Kiefernbohlen.

Für jede Holzform gibt es eine geeignete, optimale Bauweise. Allein das Eigengewicht der Rund- oder Kanthölzer, eine saubere Bauausführung natürlich vorausgesetzt, erbringt im Vergleich zu dem aus Bohlen zusammengesteckten Bauwerk zusätzliche Stabilität, Belastbarkeit und letztendlich auch Haltbarkeit. Man richte sich hier in erster Linie nach der regelmäßig anfallenden Menge an zu Kompostierendem, dies bestimmt schließlich die Größe des Silos. Die Holzbretter sollten mindestens 3 cm dick sein. Ihre Länge beträgt 120 cm, die Breite 20 cm; die Einkerbungen werden je 4 cm tief vorgenommen. Eine direkte Erdberührung der Silohölzer ist zu ver-

Die erste Quelle bodenverbessernder Maßnahmen: der Kompost. An eher schattiger Stelle steht das Kompostsilo richtig.

Eine Alternative zu den Kompostsilos aus Holz ist diese Variante eines Komposthaufens in einem Korbgeflecht.

meiden. Am besten legt man eine Reihe Steine, worauf das Kompostbauwerk aufgesetzt wird. So steht es nicht permanent in der Erdfeuchte, was der Lebensdauer nicht gerade zuträglich wäre.

Das Hochbeet – hier steht, wie's geht

Mit Hochbeeten (ebenso Hügelbeeten) lässt sich ebenfalls eine Ernteverfrühung erzielen. Der Rahmen eines Hochbeets wird wahlweise aus Rundhölzern oder Bohlen gefertigt. Die Pfosten setzt man am besten in Löcher, in die einige Zentimeter Kies (als Drainage) gefüllt wurde. An den Innenwänden des Hochbeetrahmens wird eine Folie befestigt, die etwa alle 10 cm durchlöchert wird (mit Draht, Schraubenzieher oder Ähnlichem). Die Folie reicht bis leicht unter die Unterkante der untersten Bohlen- bzw. Rundholzlage. Sie verhindert ein Ausschwemmen von Erde beim Gießen oder bei starkem Regen. Der Hochbeetkern, Aufbau vom Erdboden gesehen, wird wie folgt angelegt:

1. In eine 20 cm tiefe Grube werden kleine Äste und unbehandelte Holzabfälle gelegt.
2. Darauf kommt (ab Erdbodenhöhe) eine 10 cm hohe Schicht Grassoden.
3. Nun folgen 15 cm Laub.
4. Darauf werden 10 cm Grobkompost gegeben.
5. Abschließend, zu einem kleinen Hügel aufgeschichtet, weil die Füllung etwas absacken wird, kommen 20 cm mit reifem Kompost (anteilig 20 %) vermischte Gartenerde oben auf.

Der Verrottungsvorgang in so einem Hochbeet bringt eine Wärmeleistung im ersten Jahr wie die eines warmen Mistbeetes, die drei darauf folgenden Jahre noch die kalter Frühbeete (Kästen ohne Mistpackung oder Ähnlichem). Ein auf das Hochbeet aufgebrachter Folientunnel erhöht den Verfrühungseffekt. Zu achten ist bei Hochbeeten auf eine stets ausreichende Versorgung mit Wasser; solche Beete neigen zum schnellen Austrocknen. Deswegen muss man außerdem unbedingt eine Mulchschicht (z.B. nicht blühenden Rasenschnitt) aufbringen.

Ein Folientunnel auf dem Hochbeet verfrüht die Ernte.

Gemüse aus dem eigenen Garten – hier Brokkoli und Knoblauch – schmeckt immer noch am allerbesten.

Solch schöne Johannisbeeren kann man ernten, wenn man die Pflanzen gut und gleichmäßig mit Nährstoffen versorgt und auch auf einen regelmäßigen Rückschnitt achtet.

Gerüst für Stachelbeerhochstämmchen und Johannisbeerstämmchen

Die Bruchgefahr durch Windeinwirkung bei hochstämmigen Pflanzen mit dünnem Stamm ist groß, deswegen ist mindestens eine Befestigung an einem Stützpfahl erforderlich, noch sicherer stehen sie freilich in einem dreibeinigen Gerüst. Die Anbindung erfolgt mit einer breiteren Schnur (z.B. Kokosstrick), wobei zuerst durch eine Verknotung am Pfahl dessen Runterrutschen verhindert wird, dann wird der Pflanzenstamm in eine lockere Schlaufe eingebunden.

Tomaten-Stützen, das wird nützen

Die Üppigkeit und das Gewicht der Früchte von Tomaten macht es erforderlich, die nicht ganz unempfindlichen Pflanzenstiele zu stützen. Am einfachs-

Kommen wir dem Anlehnungsbedürfnis der Stachelbeer- und Johannisbeerstämmchen nach, kann der Wind kein Unheil anrichten.

Tomaten wollen gestützt sein.

ten geschieht dies mit ca. 2 m langen, dünnen, aber stabilen Pfählen, die ca. 40 cm im Boden versenkt werden (Boden um Einsteckstelle festtrampeln). Zwischen den einzelnen Pflanzen(-stützen) sollte man, u.a. zum Ernten, ausreichend Platz lassen.

Die Anbindung der Pflanzenstiele wird jeweils unter den Blütenständen vorgenommen, wobei als Material ein Flachband (schneidet nicht ein) Verwendung findet. Dieses wird zuerst an der Stütze fest verknotet, damit es nicht rutscht, und dann wird der Stiel locker in eine Schlaufe (1 cm Spiel lassen) eingebunden.

Gurkengerüste

Auch Gurken, insbesondere Schlangengurken, ziehen ein Wachsen am Gerüst dem flachen Liegen am Boden vor. Als Gerüstmaterial bieten sich uns Maschendraht, Baustahlmatten oder auch Holzstäbe, zu einem Gitter miteinander verbunden, an. Die Gurkenranken wer-

Gurken, besonders Schlangengurken, ziehen es vor, hängend aufzuwachsen.

Wer viel Erbsen zählen will, muss für Kletterhilfen sorgen.

den Sprosse für Sprosse befestigt. Wir können den offenen Frühbeetkasten in die Gurkenanzucht miteinbeziehen, indem wir ein entsprechend ausgelegtes Gerüst dort hinein stellen und gegen Ende April (zwischen den noch verbliebenen Jungpflanzen) eine Gurkenaussaat vornehmen.

Das Erbsengerüst

Als Kletterpflanze ist die Erbse auf Hilfe zum Klettern angewiesen, nur so wird sie uns mit guten Erträgen erfreuen können. Sehr gute Erbsengerüste bestehen aus Reisig, aber ein breitmaschiger Drahtzaun oder eingespannte Schnüre oder Drähte eignen sich ebenfalls prima. Zu achten ist bei der Aufstellung der Kletterhilfen, dass sie als einreihige Gerüste so stehen, dass der Winddruck auf die Pflanzen führt, was deren Verbindung mit den Kletterhilfen unterstützt.

Gerüst für Stangenbohnen

Wie der Name schon verrät, wollen diese Bohnen nach oben und zwar gut drei bis vier Meter. Mehrere Möglichkeiten der Aufstellung sind gegeben, wobei die Auswahl der Konstruktion von den zu erwartenden Windeinwirkungen abhängig gemacht werden sollte. Am freiesten und somit am ertragreichsten kann sich die Stangenbohne an den Einzelstangen, senkrecht ca. 50 cm tief in den Boden gesteckt, entwickeln. Aber wer auf Nummer Sicher gehen muss, sollte die zu Pyramidenform zusammengebundenen Stangen oder die schräg gestellte

Ein Gerüst zum Hochklettern und Festhalten ist auch für unsere Stangenbohnen unerlässlich. Dadurch wird zwar der Anbau aufwendiger als bei Buschbohnen, aber der Ertrag ist höher und die Erntezeit länger.

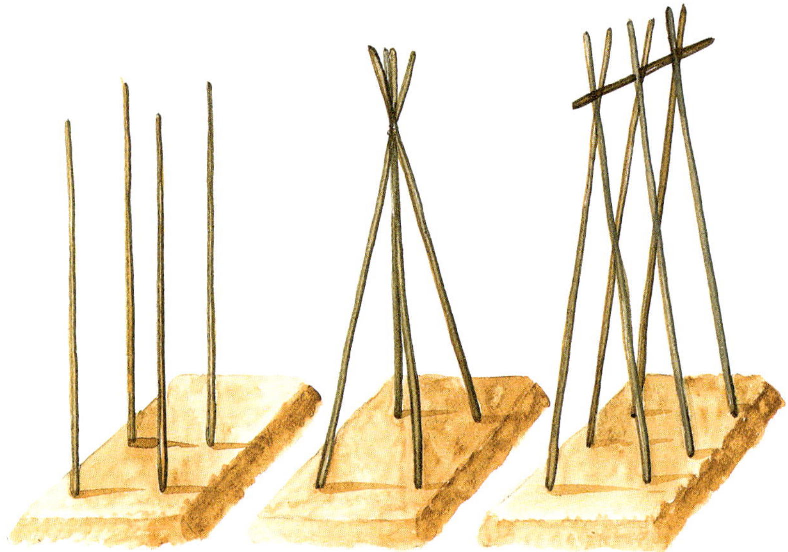

Die Löcher für die Stangen sollten wir mit einem Metallstab (z.B. Schnurnagel) vorbereiten: einstechen und „rühren".

und mit oben liegender Querstange verbundene Gerüstart verwenden. Ein erntepraktischer Reihenabstand muss natürlich eingehalten werden; auch an den Platzbedarf für eine aufklappbare Leiter ist dabei zu denken.

Die Kartoffelkiste darf in keinem Keller fehlen

Bei entsprechendem Kartoffelverbrauch ist als Lager die Kartoffelkiste unschlagbar. Solide gefertigt und zwecks Entnahme auch der letzten Kartoffeln und Reinigung mit einem herausnehmbaren Kasten ausgestattet, verhindert sie am besten das Keimen der Knollen (dunkel, Kartoffeln werden regelmäßig durch Entnahme in Bewegung versetzt). Die Maßangaben hier beziehen sich auf ein Fassungsvermögen von ca. 3,5 Zentnern. Braucht man weniger, lege man die Bauhöhe niedriger aus. Man verwende wegen der Kontaktmöglichkeit zwischen Nahrung und Baumaterial immer nur unbehandeltes Holz.

Rechts:	1: 100 cm	4: 45 cm
	2: 55 cm	5: 5,5 cm
	3: 22 cm	6: 60 × 44 × 10 cm

Der Erdkeller – Lagerung im großen Stil

Beim Überwintern von Obst und Gemüse stand für uns doch das Sattwerden im Vordergrund. Heutzutage kein Problem mehr: zu jeder Jahreszeit können wir uns mit fast allem, was das Herz begehrt, ordentlich eindecken. Vermehrt sogar mit Obst und Gemüse aus dem naturgemäßen Anbau, sehr erfreulich.

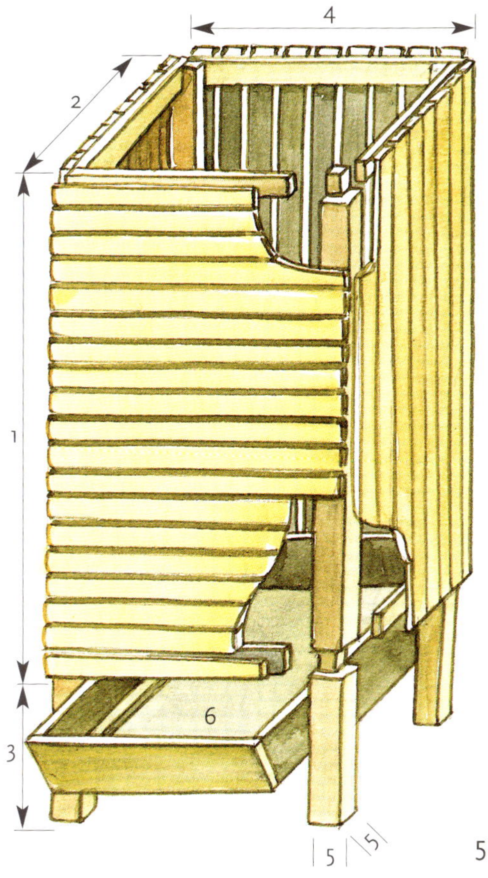

Immerhin, bei wem der Groschen nicht so locker sitzt und wer sich dennoch möglichst regelmäßig natürlich Gezogenes auf den Teller wünscht, der muss nicht nur eine ganze Menge selber wachsen lassen, der muss das kostbare Erntegut auch auf längere Sicht, über den Winter beispielsweise, gut aufbewahren. Darunter versteht Großvater, dass ihm auch nach Monaten das Wasser im Munde zusammenläuft, wenn er sich etwa einen saftigen Apfel von seiner Lieblingssorte aus dem Lager holt.
Und bei so einem Lager, das wirklich sagenhaft lange – durch die kalte Jahrezeit hindurch bis weit ins Frühjahr – Knackiges und Schmackhaftes bereithält, würde ich, modern geredet, von einer klasse Qualitätssicherung sprechen.
Kurz und gut: Ich empfehle einen Erdkeller für alle, die richtig etwas zu Lagern haben. Streng genommen ist der Erdkeller auch nur die Idee der althergebrachten Erdmiete; freilich stellt er, wir wollen nicht gar zu bescheiden sein, durchaus eine Verbesserung dar. Zugegeben, etwas Bauaufwand muss hier schon betrieben werden, wie aus der Zeichnung (S. 60) zu ersehen ist. Aber der Aufwand lohnt, und es zahlt sich aus, einige Dinge von Anfang an mitzubedenken.
So ist es ideal, wenn man einen Erdkeller in die Erde unter den Boden eines zugänglichen Gebäudes (Schuppen, Scheune oder Ähnliches) einbauen kann. So käme man ohne größeres Schlottern

Wer so ein Erdkellerlager einrichten kann, ist bestens gerüstet für eine lange Versorgung mit schmackhaften Vitaminen.

Auch Blattgemüse wie Mangold können im Erdkeller gut einige Zeit gelagert werden.

und ermüdende Schneeräumarbeiten stets an die begehrten Vitaminreichtümer heran. Wenn man nun schon so einen Aufwand betreibt, sollten bei ausreichend vorhandenem Platz am besten gleich zwei Erdgruben ausgehoben und -gebaut werden. In die eine kämen das Gemüse und unsere Kartoffeln und in die andere Obst. So wären größere gegenseitige Störeinflüsse, vor allem ungewollte Geschmacksübertragungen aufgrund der Ausdünstungen, praktisch ausgeschlossen.

Die wichtigsten Angaben zum Bau eines Erdkellers in aller Kürze: Die auszuhebende Erdgrube sollte ca. 75 cm tief sein, den Erdaushub verwenden wir später zum Anschütten für den leicht zum Erdkeller ansteigenden Randbereich (Wasserabfluss). Der Boden wird als unversiegeltes Erdreich belassen, dies sorgt für das typische Klima in diesem Lager. Als Baumaterial greifen wir vorzugsweise zu hartgebranntem Kanalklinker. Die Aussparungen für die beiden Lüftungsrohre, oben jeweils mit Bogen (Regenschutz) versehen, darf man nicht vergessen, ebenso die nach innen zurückgesetzte Klinkerreihe, auf die die erste Lage Abdeck- bretter aufgelegt wird. Die oberste Reihe Klinker besteht aus einem flacheren, schmalen Stein, so dass sich eine Auflagefläche für die obere Bretterlage ergibt (auf Bündigkeit von Brett und Stein achten). Je ein Brett der beiden Lagen ist mit einem Griff oder Ähnlichem zwecks besseren Herausnehmens auszustatten. Die Bretter, die dicht aneinander zu legen sind (Schutz vor Mäusen), bestehen aus ca. 2 cm starkem, ungehobeltem (Bau-)Holz. Der Raum zwischen den beiden Lagen wird bei Kälte mit Isoliermaterial gefüllt. Guten Einstieg in den Erdkeller ermöglicht eine kleine Leiter, die im Lager bleibt. Mit eingebauten Regalen schaffen wir uns dann die optimale Lagerfläche und Übersichtlichkeit.

Rankhilfe für Pflanzen im Topf – nicht unbedingt ein alter Zopf

Es kann sehr reizvoll sein, schön blühenden Pflanzen, die einer Rankhilfe bedürfen (beispielsweise Glocken- oder Passionsblume), diese Möglichkeit auch auf kleinem Platz zu bieten. Wer ein wenig handwerkliches Geschick mitbringt und Freude an filigranen Gestaltungsarbeiten hat, der könnte sich an der Herstellung einer kleinen Rankhilfe für den Blumentopf versuchen. Ein passendes Material ist Messingdraht, da er kaum korrodiert. Außerdem ist mit der edlen Messingfarbe eine angenehme Verbindung mit dem Grün vieler Pflanzenteile gegeben. Man sollte bei der Konstruktion (oder gegebenenfalls beim Erwerb) solcher Rankhilfen darauf achten, dass ihre Formgebung nicht durch allerlei Verschnörkelungen überzüchtet wird. Eine schlichte Gestalt, die vor allem auch die Pflanze selbst zur Geltung kommen lässt und lediglich feine Akzente setzt, sollte der Maßstab sein.

Bambusstäbe mit Verlängerung

Für etliche gärtnerische Zwecke benötigt man Stäbe, oftmals um aufstrebenden Pflanzen Halt zu geben. Ein sehr brauchbares Material sind hierfür Bambusstäbe. Sie

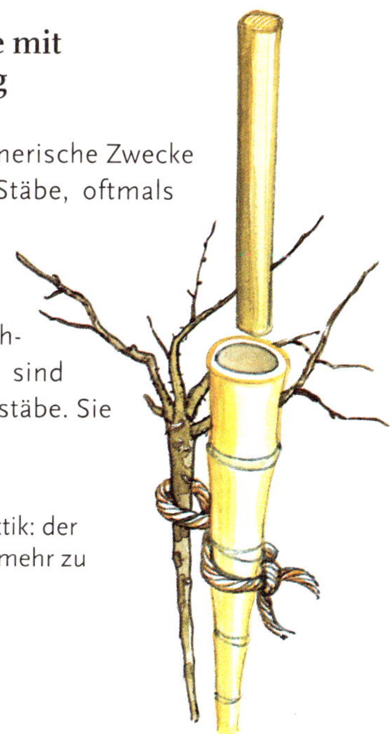

Verlängerungstaktik: der Bambusstab hat mehr zu bieten.

Für große Obstbäume wie diesen Kirschbaum kann man das einhängbare Trittbrett für lange Arbeiten auf der Leiter gut gebrauchen.

bieten beispielsweise Hochstammrosen eine gute Stütze. Der besondere Pfiff bei Bambus besteht nun darin, dass so eine Stütze ein Stück weit mit der hochwachsenden Pflanze „mitwachsen" kann. In aller Regel sind die Bambusstäbe nicht direkt an einem Knoten durchtrennt, sondern an den dazwischenliegenden Stababschnitten. Und diese sind hohl, was sich dahingehend prima nutzen lässt, dass man in diesen Bambus-Grundstock einen weiteren, etwas schmaleren einstecken kann. Und schon kann's weiter aufwärts gehen, für weiteren Halt ist ja nun vorerst gesorgt.

Ein Trittbrett für die Sprossenleiter – dann geht die Arbeit sicherer weiter!

Uns überaus praktischen Gartenfreunden muss aber auch ständig irgendetwas Brauchbares einfallen, damit wir von unserem Abenteuerspielplatz stets gesund und munter zurückkommen. Das gilt ganz besonders für die Fälle, wo wir das sichere Land verlassen und uns in die Höhe bewegen, wo wir mitunter längere Zeit verweilen. Beispielsweise um Äpfel zu pflücken, Dachrinnen zu reinigen oder einen Nistkasten anzubringen.

Auf den Seitenwänden des Wanderkastens befestigt man lichtdurchlässige Folie.

Eine Leiter ist dann fällig, doch die allein bringt uns zwar hoch, aber bietet oftmals keinen guten Stand für die auszuführenden Arbeiten. Hier bietet sich ja geradezu ein zusätzlich einhängbares Trittbrett an. Es gründet auf einer einfachen Konstruktion:
Zwei oder auch ein paar mehr Trittbretter sind an zwei gegenüber liegenden Seiten je mit einem Gestänge verbunden, deren obere Enden so gebogen sind, dass man das Ganze als Minileiter in eine Sprossenleiter einhängen kann. Die Trittflächen dieser Hilfsleiter sind etwas schmaler als die Sprossen der Hauptleiter, sie müssen ja mit etwas Spiel innen zwischen die eingefassten Sprossen passen. Die Tiefe der Trittțhölzer sollte großzügig bemessen sein; Ziel ist es, eine sichere Standfläche zu schaffen. Die Bauweise muss unter allen Gesichtspunkten absolut stabil sein und darf eingehängt keine Schräglagen oder ähnlich wackelige Eigenschaften aufweisen. Ist alles in bester großväterlicher Manier solide gefertigt, wird man dieses feine Hilfsmittel, besonders bei längeren Aufenthalten oberhalb der Erdoberfläche, aus gutem Grunde nicht mehr missen wollen.

Der Wanderkasten – ein mobiles Frühbeet

Wir können in unseren Breiten außerordentlich zuverlässig, das jedenfalls ist meine Erfahrung bisher, mit mehr Sonne als Schnee rechnen. Dennoch reicht die Sonnenkraft und Dauer ihres Scheinens, aufs Jahr gesehen, nicht aus, um so ganz ohne Hilfsmittel zwei richtige

Ernten einzufahren. Ein wenig Ernteverfrühung ist bei so einem Begehr also notwendig, und dafür gibt es die entsprechenden Techniken.
Neben ausgewachsenen Bauwerken wie den Glasgewächshäusern bieten sich unaufwendigere Lösungen wie Foliengewächshäuser an, bis hin zum einfach herstellbaren Frühbeetkasten.
Besonders simpel in der Konstruktion und Bedienung ist der Wanderkasten. Er ist im Prinzip, von der Bauweise her, wie ein Frühbeetkasten konstruiert. Wir befestigen ihn eben nur nicht langfristig im Boden. Weil wir ihn aber von Ort zu Ort bewegen wollen, ohne dass er Schaden nimmt, sollte sein Rahmen schon sehr stabil sein. Von daher ist es zweckmäßig, die Verbindung der einzelnen Holzelemente mit Metallwinkeln herzustellen.
Auf längere Sicht sind außerdem Verschraubungen besser als Nägel. Und wer ein wenig auf die Ewigkeit hin bauen will, verwendet dafür und ganz generell für Bauwerke, die sich draußen der Witterung ausgesetzt sehen, nicht rostende Edelstahlschrauben (V2A-Stahl). Eine solide Verschraubung hat zudem den Vorteil, dass so ein Bauwerk wiederholt auseinander genommen werden kann, ohne dass es allzu sehr an Stabilität dadurch einbüßen müsste. Aus Platzgründen oder zu Transportzwecken kann das ausgesprochen hilfreich sein.
Mit so einem Wanderkasten wandern wir dann durch unseren Garten und stellen ihn für einen bestimmten Zeitraum dort ab, wo Pflanzungen angelegt wurden, etwa Erdbeeren, denen wir auf die Sprünge helfen wollen, also eine Ernteverfrühung erwünscht ist.

Nochmals verfrühen, ohne zu hasten, es hilft uns dabei ein Frühbeetkasten

Es stehen uns mehrere Möglichkeiten zur Verfügung, Ernteverfrühungen zu erreichen. Neben Hügel- und Hochbeeten sind es in erster Linie das warme Mistbeet, das Halbwarm- und das kalte Frühbeet.
Die Verschiedenheit ist durch die Bauart, vor allem dem Unterbau, über dem der Kasten steht, bedingt (z.B. Füllung einer Grube mit Mist). Der Kasten selbst bedarf keiner komplizierten Konstruktion und ist mit wenig, zum Teil ausrangiertem Material (z.B. alten Fenstern), herzustellen. Über dem Selbstbau-Eifer sollte nicht vergessen werden, den tatsächlichen Bedarf an zu verfrühenden Obst- und vor allem Gemüsepflanzen zu ermitteln, ehe eine Großproduktion von Kästen angeworfen wird.
Die Rückwand des Kastens ist höher als die Frontseite, dadurch entsteht eine Schräge, die zusammen mit einer Nordausrichtung des Kastenrückens den günstigsten Lichteinfall gewährleistet. Man muss sich bei der Festlegung der

Wer viel und mehrmals ernten will, kann auf den Frühbeetkasten kaum verzichten.

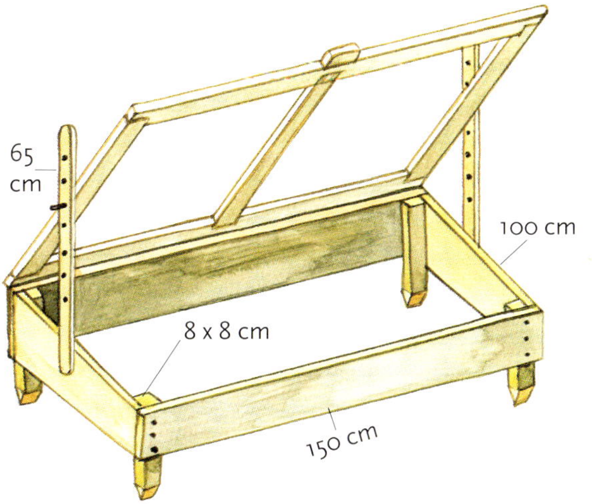

Kastengröße nicht sklavisch an Vorgaben halten, vornehmlich orientiert man sich am gegebenen Fenstermaterial. Eine stabile Verschraubung sollte man anstreben (Löcher vorbohren!), nicht rostendes Material (Schrauben, Scharniere, eventuell Winkel) wäre natürlich optimal. Der Mechanismus für die Fensterhalter-Leisten sollte auf dauerhafte, gute Beweglichkeit hin ausgelegt und nicht zu dünn sein.
Dort, wo der aufgestellte Kasten Erdkontakt hat, wäre eine Kiesauflagefläche günstig, weil wir ihn so etwas von der Erdfeuchtigkeit abschirmen können.

Ein Hühner-Tunnel verhindert den Rummel am falschen Ort – das ist doch ein Wort

Hat man sich tatsächlich für das Halten von Federvieh entschieden und hat man beschlossen, den Hühnerstall am Haus anzubauen, so sollte man doch zusehen, den Auslauf (abgezäuntes oder anderweitig eingrenzendes Freigelände) vom Wohnhaus fern zu halten, einfach aus Gründen des Geruchs. Denn selbst ein sehr sauber gehaltener Auslauf dünstet zumindest bei feuchtem Wetter Ungünstiges aus. Um die Hühner dann vom hausnahen Stall in den gewünschten Gartenbereich zu befördern, ohne dass sie dabei auf ihrem Weg dorthin zunächst sehr gründlich die schön gestaltete Anlage inspizieren und wahrscheinlich auch gar nicht mehr verlassen wollen, empfiehlt sich die Anbringung eines Hühnertunnels aus Drahtgewebe. Er leitet das Federvieh vom Stall bis in den Auslauf, wo es dann machen kann, was es will.

Noch ein Hinweis: Durch eine entsprechende Maßnahmen ließe sich der Auslauf selbst, das heißt in erster Linie die Umzäunung, gestalterisch in den Garten einfügen, sofern nicht ein extra für die Hühner bereit gestellter Bereich zur Verfügung steht. Schlingpflanzen, die man an den Begrenzungen klettern lässt, halten den Blick auf das unansehnliche Drahtgeflecht ab. So ließe sich natürlich auch ein Hühnertunnel freundlich kaschieren. Man kann außerdem eine Buchsbaumeinfriedung anlegen, schön dicht, die passt ebenfalls gut auf die Hühner auf und sieht dabei noch nett aus.

Selbsttränke für Hühner bauen, und dieser Konstruktion vertrauen

Für manche Gartenbesitzer mag es reizvoll und machbar sein, sich ein paar Hühner zu halten, allein wegen der frischen Eier aus eigener Produktion. Es gibt ein paar Dinge zu beachten, und am besten fragt man versierte Hühnerbesitzer, wie z.B. ein kleiner Stall auszusehen hat oder wie groß die Fläche sein muss, auf der sich zufriedenes Federvieh frei bewegen darf. In den gestalteten Garten sollte man sie nicht lassen, sie durchwühlen die Beete nach allem möglichen Essbaren und, wenn sie dabei auch manch unerwünschtes Getier vertilgen, so würden sie dort doch mehr Schaden anrichten, als Nutzen bringen. Hat man ausreichend Raum, kann man mit kleinen Maßnahmen für das Wohlbefinden der Hühner sorgen, was der Eierproduktion bestimmt nicht zum Nachteil gereichen würde.

So eine kleine Hühnerfreundlichkeit besteht in einer Selbsttränke, die das Federvieh gewissermaßen selbst bedient. Die für die Herstellung nötigen Materialien bestehen unter anderem aus einem Pfahl, den wir dort einrammen, wo die Tränke sein soll. Des weiteren ist eine durchsichtige Glasflasche nötig, die von am Pfahl befestigten Metallbügeln eingefasst wird, sie muss allerdings aus dieser Halterung problemlos herausziehbar sein. Die mit Wasser gefüllte Flasche steht kopfüber in einem Napf

Selbstbedienung ist auch unter Hühnern kein strittiges Thema.

und zwar so, dass ihre Öffnung auf einem kleinen (witterungsbeständigem) Gegenstand (z.B. Stein) aufliegt. Dabei entspricht die Auflagenhöhe ungefähr der Hälfte der Höhe des Napfrandes, der also nicht zu niedrig sein darf, anderseits selbstverständlich auch kein Hindernis fürs liebe Federvieh. Weil die Flasche intelligenterweise durchsichtig gewählt wurde, können wir gut erkennen, wenn sich der Wasservorrat dem Ende zu neigt. Beim Reinstellen der gefüllten Flasche empfiehlt sich etwas Geschicklichkeit, sonst dürfte unsere Quelle irgendwann versiegt sein. Also einfach abnehmbarer Verschluss drauf, der erst knapp über der Öffnungsaufliegestelle entfernt wird. Das müsste den Hühnern gefallen.

Lockt den Nützling in den Garten – wer's richtig macht, braucht kaum zu warten

Auch viele von uns, der leicht angegrauten Generation, haben seit jeher das Gartenreich – wie überhaupt die ganze Naturwelt – als eine große Gemeinde angesehen, wo Geben und Nehmen in Gleichklang zu bringen sind. Deswegen ist es auch keine reine Errungenschaft neuerer Zeiten, sogenannten Nützlingen in unserem Garten eine verlockende Heimstatt anzubieten.
Eine kleine freundliche Einladung an die gefiederten Freunde besteht darin, ihnen eine passende, d.h. artgerechte Unterkunft anzubieten. Wenn man bedenkt, dass beispielsweise ein Meisenpaar zusammen mit seiner Brut jährlich ungefähr 40 kg Schadinsekten verspeist, bekommt man eine Ahnung, auf wie viel Unterstützung man besser nicht verzichten sollte. Eine kleine Auswahl mit geringem Material- und Zeitaufwand herzustellender Nützlingsbehausungen wird nun vorgestellt.

Meisen, Kleiber und andere Höhlenbrüter mehr, kommt doch ruhig in unsere Kästen her!

Ein freihängender Nistkasten, wie ihn die Abbildung auf S. 68 zeigt, bietet unseren nützlichen Insektenvertilgern die gewünschte Bruthöhle und zugleich Schutz vor unseren kleinen Gartentigern, den Katzen. Man kann ihn an feineres, vom Stamm entferntes Geäst hängen, dort werden die Vogeljäger kaum hingelangen.
Der Vorteil eines freihängenden Nistkastens gegenüber dem festmontierten besteht darin, dass er problemlos zur Reinigung wieder abgehängt werden kann. Die Reinigung steht nach jeder Brutperiode auf dem Gartenarbeitsplan. Denn jedes eingebaute Nest wird lediglich von einer Brut bewohnt, man hat eben so

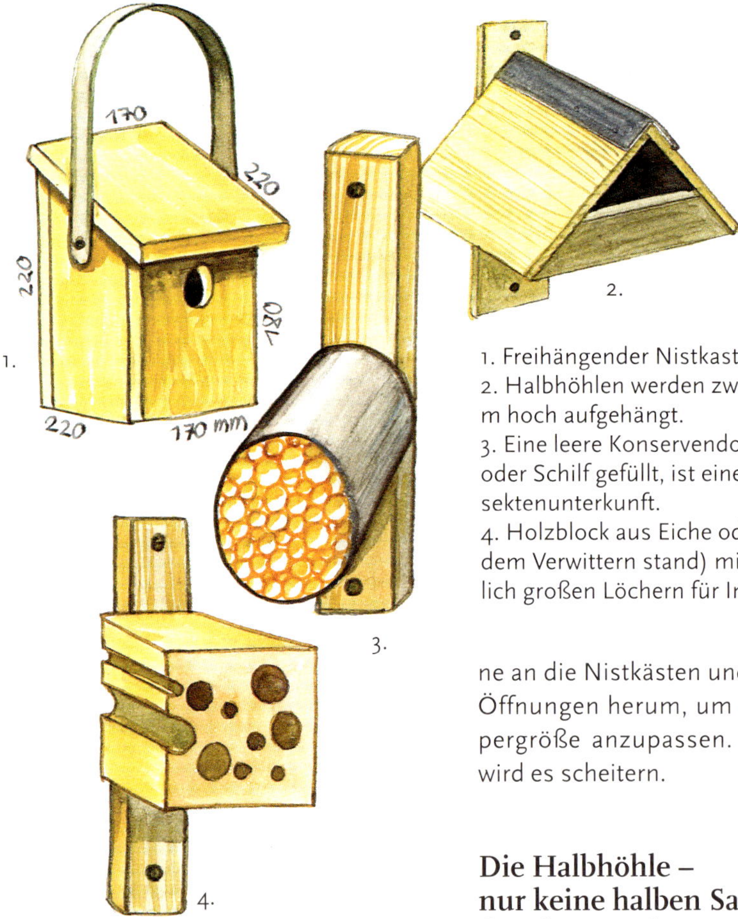

1. Freihängender Nistkasten
2. Halbhöhlen werden zwischen 1,5 und 3 m hoch aufgehängt.
3. Eine leere Konservendose, mit Stroh oder Schilf gefüllt, ist eine geeignete Insektenunterkunft.
4. Holzblock aus Eiche oder Buche (hält dem Verwittern stand) mit unterschiedlich großen Löchern für Insekten.

seine Ansprüche. Durch den Einbau eines Scharniers für die Rückwand ist die Säuberung ja auch ganz einfach zu bewerkstelligen.
Wer mit Besuch vom Specht rechnen muss, weil dieser in der näheren Umgebung heimisch oder der Wald nicht weit weg ist, sollte um das Flugloch herum ein Blech anbringen. Spechte gehen gerne an die Nistkästen und hacken an den Öffnungen herum, um diese ihrer Körpergröße anzupassen. Am Blech aber wird es scheitern.

Die Halbhöhle – nur keine halben Sachen hier für Fliegenschnäpper, Gartenrotschwanz und anderes Getier

Das gefiederte Getier, was sich in einer Halbhöhle (Abb. 2) einfindet, gehört zu den Nischenbrütern, wie z.B. die Bachstelze. Auch diese Nistmöglichkeit ist mit ein wenig handwerklichem Geschick, rasch in Eigenarbeit zusammengebaut. Ein paar Holzrestabschnitte – mehr benötigen wir für solche Kleinstbauwerke ja gar nicht – bekommen wir wahrscheinlich sogar kostenlos in jedem Baumarkt, der seinen Kunden Holz zusägt. Halbhöhlen lassen sich ebenso wie der vorher beschriebene Nistkasten mit einem Band versehen und dann frei aufhängen. Eine fixe Befestigung, etwa an einer Haus- oder Schuppenwand, ist natürlich ebenfalls möglich. Anstelle von Mauerlöchern, in denen die Nischenbrüter gerne Unterschlupf suchen, besuchen sie dann vielleicht mit Vorliebe die fein für sie zurechtgebaute Behausung.

Ein mit Holzwolle gefüllter umgedrehter Blumentopf ist der ideale Unterschlupf für die nützlichen Ohrwürmer; sie werden es dem Gärtner mit dem Vertilgen von Blattläusen danken.

Gebt Insekten einen Platz, halten manchen Schaden ab

Für Gärtner, die mit einem hohen Anspruch ihren Garten, ganz besonders ihren Nutzgarten hegen und pflegen, war seit jeher die Einbeziehung und deswegen Ansiedlung möglichst vieler Naturmitbewohner in das Zusammenleben ein gewichtiges Ziel. Wir können uns heute noch eine ziemlich dicke Scheibe von Großvaters Ideenreichtum und handwerklichem Geschick abschneiden, wenn es darum geht, die Heimwerkstatt zu einem Hort ausgefuchster, einfacher, kostengünstiger, umweltschonender und zudem gut funktionierender Gartenhelfer-Produkte werden zu lassen. Und selbstverständlich wurde auch an die ganz kleinen Gartenhelfer gedacht. Für einige der nützlichen Insekten etwa – ganz wichtig sind Flor- und Schwebfliegen, Schlupf- und Erzwespe – lassen sich mit wenigen Handgriffen die anlockenden Insektenbehausungen anfertigen.

Die abgebildeten Unterkünfte (Abb. 3 und 4) sind für die nicht in Kolonien lebenden Insektenarten, wie Haut-, Netz- und Zweiflüglern, gedacht. Bei der Platzierung tun wir den Besuchern einen Gefallen, wenn sie Schutz vor ungünstigen Einflüssen durch Witterung oder häufige Störungen durch heftiges Gartentreiben bieten.

Vom Pflanzendoktor: Über Fürsorge, Vorsorge und Heilung

Hornspäne – klasse Dünger

Vielleicht wundert sich der eine oder andere über die magere Wirkung von Hornspäne-Dünger, wo er doch recht großzügig ausgestreut wurde. Mit dem Düngen allgemein ist es doch grundsätzlich so, dass man zu wenig oder zu viel tun kann oder den falschen Dünger verwendet. Oder man nimmt den richtigen zur falschen Zeit oder „baut“ diesen nicht korrekt ein. Beispiel Hornspäne: Das ist ein sehr gutes Düngematerial, was nicht nur die üblichen Hauptnährstoffe, sondern auch etliche wichtige Spurenelemente enthält. Das ist schon lange bekannt. Damit das kostbare Zeug nun tatsächlich seine Wirkung voll entfalten kann, muss es richtig in den Boden eingearbeitet werden. Entweder wird dieser Dünger untergegraben, wenn einmal Grabarbeiten angezeigt sind. Mindestens jedoch muss man ihn unterhacken. Sonst passiert rein gar nichts. Berücksichtigen muss man bei Hornspänen die längere Zersetzungszeit im Vergleich zu Hornmehl, allerdings ist die Düngewirkung der Späne deutlich nachhaltiger.

Salatköpfe als Lockpflanzen für Drahtwürmer

Großvater hatte das Thema vor einiger Zeit schon mal aufgegriffen, und hier soll nun die etwas ausgereiftere Methode vorgestellt werden. Bekannt ist es wohl, dass die Biesterchen, die sich gern über manch kostbare Wurzel, Knolle oder feines Stängelchen hermachen, mit Salat zu locken sind. Die ausgefeilte Gegenwehr besteht im breitwürfigen Aussaaten von Salat in Bereichen, wo sie vermehrt hausen. Da ist keine große Investition nötig; die Salatpflanzen stören

Ein kleines „Lockfeld“ sollten wir dem Drahtgewürm ruhig gönnen, zum eigenen Nutzen.

nicht weiter, das Gewürm stürzt sich auf das begehrte Grünzeug, worauf es bald schlapp macht. Und dann können wir die Störenfriede mitsamt ihrer welkenden Lieblingsspeise herausheben, sammeln und vernichten.

Eine wirksame Barriere gegen die Begehrlichkeit der Gefiederten

Versprechen einhalten: Hier ist der hühnerlose Kirschfruchtfliegen-Tipp

Großvaters Wort gilt und das einst gegebene Versprechen, einen Tipp zur Abwehr der Kirschfruchtfliege den Hühnerlosen unter uns Gärtnern zu geben („Was Großvater noch wußte", S.118), soll hier nun feierlich eingelöst werden. Wenn man es umgehen kann, soll man Heckenkirschen in der Nähe seines eigenen Kirschbaumbestandes meiden. Steht man vor einer Baumpflanzung, kann man mit der Auswahl einer frühen Sorte dem Befall vorbeugen. Sind die Verhältnisse allerdings schon schädlingsfreundlich eingestellt, muss man kämpfen. Die Waffen bestehen aus gelb gefärbten Tafeln (aus Karton, Format ca. 15 x 20 cm), die mit einem über längere Zeit klebrigen Leim überzogen sind. Von diesen hängt man zwischen vier bis acht Stück je Baumkrone an sonnige Stellen. Ab Ende Mai muss man sich für den Angriff gewappnet haben. Die Fliegen warten normalerweise nicht.

Für's Bezwirnen gegen Spatzen braucht man nicht mal kleine Katzen

Spatzen gibt es ja noch, „ein Glück" sagen wir heutzutage, was uns andererseits nicht daran hindert, uns wunderbar über die Gefiederten aufzuregen, wenn sie mal wieder die Kirschen (oder andere bei ihnen beliebten Obstquellen) stürmen. Also, wen das nervt, der sollte zur

Uraltmethode des Bezwirnens der Obstbäume greifen; es würde Großvater wundern, wenn die Spatzen diese austricksen sollten.
Man befestige eine Zwirnsrolle an der Spitze einer langen Stange. Der Rollenkörper ist hohl, an einem Stangenende steckt ein Nagel, der die Rolle so einfasst, dass sie sich gut abspulen lässt. Der Anfang des Fadens wird nun an einem Trieb befestigt und der Faden anschließend so um den Baum (oder Strauch) geführt, dass er immer wieder vorstehende Triebe dabei einbindet. Es müssen keinesfalls sämtliche Triebe umwickelt werden, am Ende der Bezwirnung ist unser Objekt aber von einem kreuz und quer verlaufendem Fadengespinst eingefasst. Der Trick besteht darin, dass der Spatz den Faden nicht sieht, dagegen stößt und natürlich ziemlich irritiert ist. Solange die Gefiederten nicht anfangen, über diese Technik einmal gründlich nachzudenken, müsste die Methode eigentlich greifen.

Rhododendron zeigt uns kränkelnd Blatt, was macht ihn nur so fahl und matt?

Prächtig blühende Rhododendrenbüsche sind eine wahre Augenweide, und wenn so ein Blütenwunder Anzeichen von Unwohlsein zeigt, ist der Schrecken vermutlich immer groß. Ungutes deutet sich bei brandfleckig werdendem Blattwerk an. Dabei liegt dieser „Krankheit“ häufig eine wahrlich banale, nichtsdestotrotz freilich gewichtige Vernachlässigung zugrunde. Es fehlt Wasser oder klarer ausgedrückt: es liegt womöglich Ballentrockenheit vor. Eine großzügige Bewässerung ist vor allem während der Sommerzeit notwendig, und das nicht nur wegen der Versorgung mit ausreichend Feuchtigkeit. Durch eine wirklich genügende Bereitstellung von Wasser in der warmen Jahreszeit stellen wir zugleich sicher, dass sich die Rhododendrenblätter mit hinreichend Reservestoffen für den Winter ausstatten können. Und man soll nicht glauben, dass der Winter wenig Wasserverlust mit sich bringt. Abgesehen vom Verbrauch durch die Pflanze, verdunsten (besonders bei Sonnenschein) nicht unerhebliche Mengen vom kostbaren Nass. Wenn nun aus dem möglicherweise tiefgefrorenen Boden kein Nachschub zu holen ist, wird es eng. Blätter verdorren und mit ihnen womöglich einst die ganze Pracht.

Den Lagerraum hält man in Schuss, sonst ist mit Qualität gleich Schluss

Es sei einmal erlaubt, das Thema Reinlichkeit höflich anzusprechen. Aufgefordert werden soll nun freilich nicht dazu, eine Art Klinikatmosphäre in Keller-

Rhododendren sind wegen ihres Farbenreichtums und ihrer Blütenpracht sehr beliebt.

lagern zu schaffen. Wir sollten jedoch bedenken, dass sich an Wänden, Decken und Regalen mit der Zeit eine Menge Ungeziefer einfinden kann, dazu auch alle möglichen Faul- und Schimmelpilze, besonders in feuchteren Ecken. So ist es schon – modern geredet– im eigenen Qualitätssicherungsinteresse, die Lagerorte regelmäßig zu säubern, um damit dem Übertragen von Krankheitserregern bzw. den Fäulnis auslösenden Pilzen einen festen Riegel vorzuschieben. Desgleichen gilt für Sand, den man zum Einschlagen verwendet. Entweder tauscht man ihn komplett aus oder man siebt ihn gründlich und lässt Luft und Sonne an ihn ran. Papier oder anderes Material, was als Unterlage Verwendung fand, wird ausgewechselt. Im Grunde soll folglich mit den „großen Lagerbereichen" nicht anders verfahren werden, als wie wir es bei den „kleinen" für selbstverständlich halten: Einmachgläser und für ähnliche Zwecke gebrauchte andere Gefäße (Steinkrüge etc.) müssen sich vor Beschickung stets einer gründlichen Reinigung unterziehen. Da zweifelt ja auch keiner.

Zimmerlinde kümmert rum – das wird uns irgendwann zu dumm

An einer Zimmerlinde dürfte man viel Freude haben, vor allem wenn sie uns den Gefallen des Blühens tut. Weil es dieser Pflanze nach recht kräftiger Erde gelüstet, mag man sich des öfteren über eine dürftige Blattausstattung wundern, wo doch der Topf so schön groß ist. Zeigen sich die Blätter fein und sehr hell in der Farbe, fehlt Nahrung. Eine Mischung aus Mistbeet-, Rasen- und Komposterde würde für angemessene Ausstattung sorgen. So lange die Blätter so herumkümmern, zeigen sie sich überaus sonnen- und luftempfindlich und bekommen schnell Brandflecken. Übergangsweise sollte man somit gegebenenfalls für eine schützende Abschirmung der dann ungünstigen Einflüsse Sorge tragen.
Vor einer etwaigen Umpflanzung sollte man übrigens ihren filzigen Ballen lockern. Ein halbschattiger Stand sagt ihr am besten zu. Im Sommer muss man außerdem ihren recht anspruchsvollen Wasserverbrauch im Auge behalten. Ansonsten ist die Zimmerlinde kein Geschöpf das ständiger besonderer Streicheleinheiten bedarf.

Zimmerlinden wachsen schnell und brauchen viel Wasser. Ein besonderer Augenschmaus sind ihre weiß-gelben Blüten, die sich leider nur zeitweise zeigen.

Buxus wieder braun ganz stur – wie kommt das nur?

Mit welcher Frühlings-Euphorie die Leute immer wieder im jungen Jahr über ihre Buchsbaumpflanzen herfallen und sie beschneiden, und dann das große Jammern, oft nur ein paar Wochen später schon. Da sehen sie, dass sie schöne Löcher in die Hecken geschnitten haben, wo nämlich die Blätter braun werden und alles kahl wird.
Weitere „Überraschungen" folgen oft auf dem Fuße, weil der Bewuchs an verschiedenen Stellen eingeht und weitere Lücken entstehen. Etliche Wochen werden wiederum ins Land gehen, bis der Schaden halbwegs weggewachsen ist. Dabei ist es schlicht so, dass Buchsbaum nicht im Frühjahr zu schneiden

Buchsbäume, zum richtigen Zeitpunkt geschnitten, erfreuen uns mit saftigem Grün und dichtem Blattwuchs.

ist, der August ist die rechte Zeit dafür. Wem im Frühjahr der Buchs zu hoch gewachsen ist, der kann ihn in dieser Zeit mit Erde anhäufeln. Bis zum Herbst bilden die Spitzen dann Wurzeln aus, und wer mag, kann dann mit Neupflanzungen loslegen.

Maulwurf – wir kriegen dich doch mit Trick raus aus dem Loch

Maulwürfe können uns Gärtner mit ihren Aktivitäten ganz schön ärgern. Darum sind wir froh über jeden Rat, wie wir diese Gesellen loswerden können. Eine Brühe aus Fischsud galt den Altvorderen, gern auch Mönchen, neben anderen tollkühnen Nasenstoffen immer schon als das Mittel der Wahl, um dem schwar-

Das wird selbst dem hartnäckigsten Maulwurf zu viel.

Disteln im Rasen – man könnte rasen!

Man kann sagen, was man will: ein schönes, gepflegtes Stück Rasen, das ist was fürs Auge. Sicher, richtig schön bleibt auf Dauer der Rasen nur bei guter, regelmäßiger Pflege, und das bedeutet durchaus einigen Arbeitsaufwand. Vor allem dann, wenn sich, aus welchen Gründen auch immer, gerne die Disteln auf dem geliebten Grün tummeln. Wenn also die tapfere, lang angelegte Raus-

zen Gesellen Paroli zu bieten. Vielleicht steht zufälligerweise noch ein Rest dieser oder einer ähnlich erquickenden Bouillon von der letzten Gartenparty herum. Dann wollen wir dem dreisten Maulwerfer mal richtig was gönnen und gießen ihm, heute sind wir großzügig, ordentlich davon oben ein. Ist ihm das egal, könnten wir noch rabiater werden. Wir stellen einen Eimer, aus dem der Boden rausgeschnitten wurde, fest auf die Erde über ein Maulwurfloch und lassen Wasser ein. Wenn er nicht schon ausgewandert ist, müsste ihn diese Methode eigentlich ans Tageslicht befördern. Jetzt brauchen wir ihn „nur" noch zu fangen und in freier Natur auszusetzen, das wäre ein Kompromiss.

Gelegentlich kommt es genau auf den Tag an, das wollen wir hier jetzt auch mal sehen.

reiß-Methode nicht so recht fruchten will, sollten wir es mit folgender exakten Terminierung ausprobieren: Ausstechen der stacheligen Genossen um den 21. Juni herum. Tatsächlich hatte ich mit einer genau an einem 20. Juni vorgenommen Maßnahme guten Erfolg. An diesem Tag stach ich Disteln an der Erdoberfläche ab. Am darauffolgenden Tag beobachtete ich, dass die Erde um die Distelstrünke herum von dem ausfließendem Saft ganz nass geworden war. Dieser Einsatz hatte ein sehr nachhaltige Wirkung, und die Methode des an der Oberfläche Abstechens besitzt zu dem den praktischen Vorteil, weniger anstrengend als das tiefgründige Wurzelausstechen zu sein. Auch hinterlässt man nicht so ein Schlachtfeld auf der geliebten Rasenfläche, die Rasennarbe kann sich hier viel rascher wieder schließen. Das sieht nicht nur freundlicher aus, es verhindert auch eher, das auf ehemals kahlen Stellen ganz schnell wieder neue Unkr ... also Wildkräuter „wir sind schon da!" frohlocken können.

Die Erdkröte ist unser Helfer in der Not, wenn Schnecken unser Gewächshaus oder Frühbeet belagern.

Schnecken im Gewächshaus drin, kommt uns nichts mehr in den Sinn?

Das darf uns Gärtnern natürlich nicht passieren, dass wir ganz von Sinnen sind, wenn die Nacktschnecken nicht nur unsere Beete zu erobern beginnen, sondern auch noch unser liebgewonnenes Gewächshaus in Beschlag nehmen! Wir müssen für Ausgleich sorgen, und Hilfe bekommen wir dabei von einem vielleicht nicht unbedingt hübschen, aber bestimmt ziemlich hungrigen Tierchen: der gemeinen Erdkröte. In einem kleineren Gewächshaus sollte man es mit zwei bis drei Exemplaren versuchen. Man sollte den Kröten (im Zierfisch- und Terrarienhandel nachfragen) ein paar Schlupfwinkel bieten, kleine, feuchte Erdhaufen beispielsweise, in die sie sich tagsüber zurückziehen können. Bei eintretender Dunkelheit legen sie dann mit der Schneckenjagd los. Im Auge behalten sollte man dann die Versorgungs-

Statt einem selbst hergestellten Schneckenfangapparat aus Ton, kann man auch eine alte Teekanne umfunktionieren.

lage, damit sich die Helfer bei dem an sich ja angezielten Schneckenmangel nicht einfach verabschieden. So stellen wir ihnen bei drohender Futternot gelegentlich Schälchen, gefüllt mit Regenwürmern, hin.

Wühlmäuse – kein Tipp ist hier zuviel

Dort, wo die Nager so richtig im Gange sind, ist uns bald jedes Mittel recht, denn sie können beträchtliche Schäden anrichten. Sie gelten als sehr geräuschempfindlich, und deswegen sollten wir eine Verscheuchung mit einer (weiteren) lärmerzeugenden Technik ausprobieren. Wir stecken dazu einige von diesen kleinen Spielzeugwindrädern an gefährdeten Bereichen in den Boden. Viel Windenergie ist nicht nötig, um die Dinger losknattern zu lassen. Vielleicht reicht es der wühlenden Maus, und sie zieht aus.

Ein Schneckenfangapparat wär' uns genehm, dann wär' das Fangen auch bequem

Kommen wir an dieser Stelle noch einmal auf das Thema Schnecken zu sprechen, es scheint uns Gärtner doch in schöner Regelmäßigkeit zu beschäftigen. In einem Winkel des gut ausgestatteten großväterlichen Gedächtnisses schlummert da so eine Erinnerung an ein wahrhaft geniales Gerätchen, mit dem das Fangen der lästigen Kriechtiere praktisch zum Kinderspiel wird. Bedauerlicherweise hat Großvater keinen dieser Apparate über die wirren, schlechten und wilden Zeiten retten können. Wagen wir dennoch mit Hilfe von altehrwürdigen Gedächtnisauszügen eine Rekonstruktion.

Der Apparat bestand aus Ton, einem sehr natürlichen Material mithin. Des weiteren war die Bauweise so gewählt, dass ein Verderben durch Nasswerden (Regen, Gießarbeiten) von in den Apparat eingebrachter Lockmittel, fest oder flüssig, verhindert wurde. Und, sehr, sehr wichtig, es muss im Inneren, dort, wo die Schnecken schließlich hingelockt wurden, auch bei Tageslicht dunkel bleiben. Denn so quasi vom Dunkel geblendet werden die Gefangenen dort verharren, bis wir sie zu humanen Zeiten in Empfang nehmen, um dann mit ihnen das zu machen, was wir ja sonst auch nicht unterlassen würden.

Die Anstrengen eines funktionierenden Nachbaus würde sich lohnen, da wettet Großvater gerne drauf. Die Zeichnung ganz links bietet Anregung für eine Alternative und schützt vor übereilter, ungärtnerischer Resignation.

Vom Apfelwickler nicht einfangen lassen – im Gegenteil!

Weil der Apfelwickler zu den bedrohlichsten Apfel- und Birnenschädlingen gehört, wollen wir uns einen Augenblick mit ihm beschäftigen. Die Raupe, angesichts derer uns der Appetit auf das gesunde Obst schlagartig vergeht, lässt sich in eine Falle locken. Auf ihrem Weg vom Stamm in die oberen leckeren Baumregionen bieten wir ihr eine Unterschlupfmöglichkeit an, die sie gerne in Anspruch nimmt. Der Unterschlupf besteht in einem um den Baumstamm gelegten Fanggürtel aus Wellpappe, dessen oberer Rand nach außen gewölbt ist. Der obere Randbereich muss dicht verschlossen werden, sonst entschlüpfen einem die hungrigen Tiere; mit Lehm spachteln wir die Fuge zu. Ende Mai legen wir den ersten Fanggürtel an, Ende Juli kommt nach dessen Abnahme der zweite dran, der wiederum zum Septemberende entfernt wird. Die benutzten Fanggürtel übergeben wir dem Feuer. Um die Gefahr einer Apfelwicklerinvasion noch weiter herunterzuschrauben, lesen wir möglichst täglich das Fallobst auf und entsorgen es. In den Kompost sollte es nicht gelangen. Die beschriebene Vorgehensweise entspricht den Grundsätzen des naturgemäßen Gärtnerns. Wer seinen Garten nach diesen hegt und pflegt, wird mit den gesunden Methoden viele Probleme in den Griff bekommen.

Diese Hürde wird die Apfelwicklerlarve nicht so einfach nehmen können.

Jungpflanzenschutz: Draht gespannt – Gefahr gebannt

An unseren Keimlingen knabbern gern auch die gefiederten Gesellen, und um diese davon abzuhalten, reicht eine kleine Abwehrvorrichtung. Sie besteht in einem Draht, der einige Zentimeter genau über der Pflanzenreihe aufgespannt wird. Jeweils am Reihenende wird ein Holzpflock in den Boden versenkt, in Spannrichtung nimmt man am besten eine Einkerbung als Führung für den Draht vor. Dessen Spannung erhalten wir dadurch aufrecht, dass wir an den Drahtenden Gewichte (Steine) befestigen. Sie hängen an den Pflöcken herab und halten so den Draht stets straff.

Bei gut gestärkten Pflanzen hat die Kohlfliege keine Chance

Vorbeugend gegen die Kohlfliege bzw. deren schädliche Made unterlässt man es bei der Kultur von Kohl, ihn auf frisch mit Stallmist gedüngtem, eventuell ungünstigerweise noch sehr trockenem Boden anzubauen. Geeigneter ist eingespieltes Kulturland, dessen Boden locker und feucht (nicht nass) gehalten wird (Mulchdecke, Anhäufeln). Eine ganz simple Abwehrmaßnahme besteht weiterhin darin, der Jungpflanze einen kleine Pappkragen umzulegen, der auf der Beeterde aufliegt und so den Wurzelbereich gegen den Fliegenbefall abschirmt. Grundsätzlich besteht der beste Schutz vor krankmachenden Einflüssen darin, einiges für die Stärkung unserer Pflanzen zu unternehmen, sie unterscheiden sich hierin kaum von uns Menschen. Neben der wiederholten Bodenlockerung und dem Mulchen kann man auf diverse stärkende, düngende und krankheitsabwehrende Pflanzenbrühen bzw. -jauchen zurückgreifen; eigentlich alle können in Eigenregie hergestellt werden, z.B. die Brennnesseljauche.
Hierfür wird eine Regentonne (oder ein vergleichbarer Behälter) mit frisch geschnittenen Brennnesseln locker gefüllt und anschließend mit (Regen-)Wasser bis zum Rand vollgegossen. Auf das Behältnis wird eine Abdeckung so aufgelegt, dass sie noch etwas Be- bzw. Entlüftung zulässt. Ab dem dritten Tag wird die Brühe täglich kräftig durchgerührt (mit einem bis zum Boden reichenden Stock). Nach 10 bis 14 Tagen ist die Jauche fertig, sie darf nicht mehr schäumen. Die Brennnesseljauche hat eine leicht düngende und generell gesundheitsunterstützende Wirkung und fördert nachhaltig die Verbesserung der Bodenqualität.

Rechts:
Gesunder Weißkohl ist eine wahre Pracht für jeden Gemüsefreund.

Der kleine Frostspanner – wahrlich nerven kann er

Da könnte einem schon mal der Kragen platzen, hat man doch sehr gewissenhaft seine Bäume mit Leimringen versorgt, und nun haben die Biester doch wieder die Oberhand gewonnen. Tja, sie sind halt pfiffig, die Kleinen. Vor allem die Weibchen, die nämlich ihre Eier unterhalb der Leimfallen ablegen. Aus ihnen entwickeln sich unbemerkt putzmuntere Frostspannerraupen, die dann in alle Ruhe den Baum übernehmen, unsere Leimgürtel haben wir rührigen Gärtner ja längst wieder abgenommen. Fazit: Wir müssen beim Abnehmen der Leimringe im Frühjahr unbedingt zusätzlich die darunter liegenden Stammabschnitte gründlich abbürsten. Zum

Der kleine Frostspanner ist als großer Schädling u.a. an Apfelbäumen ernst zu nehmen.

Einsatz kommt eine dreiprozentige Schmierseifenlösung, mit der die Bürste gut getränkt wird.

Ein Mittel gegen die Blutlaus

Das wirksamste Mittel gegen die Blutlaus, einem nicht zu unterschätzenden Schädling der Apfelbäume (wenn auch nicht aller Sorten), ist im Grunde ihre Entdeckung und dann sofortige Bekämpfung sowie das entschlossene Nachsetzen bei wiederholtem Auftreten. Erkennbar ist diese Laus als bläulichweißer Belag an Stamm und Ästen. Eine ganz probate Methode besteht darin, mit einer leicht in Leinöl getränkten Bürste die befallenen Stellen gründlich auszureiben. Allerdings sollte man mit dem öligen Mittel äußerst behutsam umgehen. Zu vermeiden ist jegliche Benetzung nicht befallener Stellen damit, denn es ist grundsätzlich schädlich für den Baumorganismus. Somit sollte man diese Bekämpfungsmethode besser nur bei vereinzeltem Auftreten der Laus anwenden, zu Beginn einer drohende Plage. Bei älteren, widerstandsfähigen Stämmen muss man die wenigsten Sorgen haben, dass das zum Eindringen drängende Öl schädlichen Einfluss auf den Baum haben könnte.

Das ölige Milieu behagt der Blutlaus nicht, aber das Öl sollte nur äußerst behutsam Anwendung finden.

Es gibt Gerüche, mit denen Ameisen überhaupt nicht einverstanden sind.

Ameisen wandern und kreisen – wir wollen sie doch endlich verweisen!

Die kleinen Krabbeltiere können mitunter ganz schön auf die Nerven gehen und durchaus spürbare Schäden anrichten, wenn sie sich in unserer Gartenanlage an einer für unseren Geschmack ungünstigen Stelle breit machen. Womöglich erdreisten sie sich, ein Anzuchtbeet (Frühbeetkasten) massenhaft zu bevölkern. Dann schreiten wir entschlossen ein. Zunächst gehen wir in die erstbeste Fischhandlung und besorgen uns Fischabfälle. Diese kochen wir einige Stunden in einem schönen großen Kessel, der uns anschließend ausreichende Mengen von dem Ameisen-Parfüm liefern wird. Mit diesem Gebräu bebrausen wir sehr großzügig – wir wollen hier bitte nicht kleinlich sein – die befallene Gartenabteilung. Unter Umständen müssten wir vor dieser Maßnahme überschwemmungsbedrohte Pflänzchen, z.B. Stecklinge, in Sicherheit bringen. Sollten wir von dem Gebräu nach vollendeten Tatsachen etwas übrig haben, wie bereits erwähnt, können wir es auch für die Verschäuchung von Maulwürfen verwenden.

Und noch einmal die Ameise: verjagt sie auf 'ne andere Weise

Genau genommen geht es hier um eine Methode, mit der wir die Tierchen anlocken und zum Verspeisen einer für sie überhaupt nicht bekömmlichen Mahlzeit verleiten. In den eigenen vier Wänden duldet man sie nun wirklich nicht gerne, und sollten sie sich mal bis dorthin vorgewagt haben, können wir ihnen auf entsprechend platzierten flachen Tellern eine für sie sehr unangenehme Mischung aus einem Teil Pottaschelösung und einem Teil Honig vorsetzen. Wirksam soll ebenfalls eine mit Hefe versetzte Lösung von Honig, Sirup oder Zucker sein.

Obstbaumkrebs muss ausgeschnitten und mit einem Wundmittel behandelt werden.

Veredelungsstellen muss man schützen – ein „Pflaster“ wird da sicher nützen

Wer sich selbst an eine Veredelung wagt, sollte sich auch Gedanken über Schutzmaßnahmen für die empfindliche Veredelungsstelle machen. Denn sie bildet als Wunde das Eingangstor für Krankheitserreger bzw. Schädlinge. Und auf eine Wunde gehört eben ein „Pflaster“. Normalerweise greift man zu Baumwachs und bringt dieses so auf, dass sämtliche Schnittstellen abgedichtet sind. Hochwertiges Baumwachs kann man sich durchaus selber herstellen.

Im Verhältnis 1:1:3 finden Bienenwachs, Rindertalg und Kolophonium (Harzprodukt, in Apotheken erhältlich) besserer Qualität Verwendung. Dazu kommt noch guter Spiritus und zwar, hier beim obigen Beispiel von 100/100/300 g-Einheiten ausgehend, 50 ml (für den Hausgartengebrauch brauchen wir bestimmt eine viel geringere Wachsmenge). Bei mäßiger Hitze zerlässt man in einem alten Topf die drei erstgenannten Substanzen und gießt dann unter behutsamem Umrühren vorsichtig den Spiritus hinzu.
Die fertige, gut streichbare Masse geben wir sehr sorgfältig auf die zu schützenden Stellen (mit einem Pinsel). Auch kleine Beschädigungen und vor allem Krebsstellen, die freilich vor einer Versiegelung ganz gründlich von krankem und abgestorbenem Holz befreit sein müssen (bis heran an das gesunde Holz), sollten mit einem so guten Baumwachs eine Schutzschicht erhalten.
Eben solches gilt für das Auslichten. Besonders bei älteren Bäumen sind schon mal Sägearbeiten an kräftigeren Ästen fällig. Sei es, dass sie abgestorben sind oder in Regionen vordringen, in denen sie stören oder Schaden anrichten könnten. Die Säge wird dann eine Wunde hinterlassen, die wir ebenfalls mit dem Wachs bestreichen sollten.

Nur ein gesunder Apfelbaum bringt auch einen guten Ertrag.

Es gibt auch noch ein and'res Mittel – das kostet allenfalls ein Drittel

Anstelle von Baumwachs kann man auch mit aufgelöster Gelatine arbeiten, um eine Veredelungsstelle zu versiegeln. Dazu fülle man eine bestimmte Menge Wasser (nach geschätztem Bedarf) in einen kleinen Topf und schütte soviel Gelatinepulver dazu, bis das Wasser noch ungefähr eine Fingerstärke darüber steht. Diese Masse erwärme man nun unter beständigem Rühren, und innerhalb weniger Minuten hat sich die Gelatine aufgelöst. Mit einem Pinsel verstreiche man nun die Veredelungsstelle gründlich. Nach einiger Zeit bildet sich an der bestrichenen Stelle eine zähe, gummiartige Schicht. Diese Methode ist vielleicht sogar die elegantere, weil sie unaufwendiger ist. Dieses Versiegelungsmittel sollte allerdings nur zum Zwecke der Abdichtung von Veredelungsstellen Anwendung finden. Für größere Flächen greifen wir auf das längerfristig abdichtende und festere Baumwachs zurück.

Doch der Spatz im Kasten – da könnte man ausrasten

Jedenfalls wenn er uns die heilige Saat ohne Ansehen der Person aus dem offenen Mistbeetkasten pickt. Wie auf dem meistens doch offenen Beet können sich Spatzen natürlich auch bei so einem Kasten einfinden und an den Samen gütlich tun. Ein engmaschiges Gewebe, über den dann immer noch berechtigterweise als offen zu bezeichnenden Mistbeetkasten angebracht, wird die Herrschaften davon abhalten. Licht- und Luftteilchen hingegen gelangen nach wie vor in ausreichender Anzahl hinein.

Zu große Töpfe – die Pflanzen werden es uns nicht danken

Großzügigkeit ist grundsätzlich zu begrüßen, eine feine Tugend sicherlich, aber nicht jedermann verträgt sie, das ist die harte Wahrheit. Auch bei Pflanzen müssen wir dieser ins Gesicht sehen und feststellen: zu große Töpfe beim Umpflanzen sind zwar gut gemeint, aber nicht immer von Vorteil. Das heißt, etlichen Pflanzen, insbesondere den schwachwachsenden Vertretern unter ihnen, wird es nicht gelingen, in kurzer Zeit die Erdmasse in einem unangemessen großen Topf mit ihren feinen Wurzeln zu durchwandern. Man hofft darauf, dass man ein häufiges Umtopfen umgehen kann. Doch wahrscheinlicher ist, dass Wurzeln erkranken, Blätter sich im Laufe der Zeit gelb färben, und der Pflanzenfreund im Kummer versinkt. Zu den feineren Geschöpfen gehören z.B. Azaleen, Eriken, Kakteen. Den Kandidaten mit schnellerem Wurzelwachstum, wie Geranien, macht es nicht so viel aus, in zu große Töpfe verpflanzt zu werden. Aber besser bekommt auch ihnen eine ganz behutsame Steigerung der Gefäßgröße beim Umpflanzen, also lediglich ein bisschen mehr Luft für den Ballen im neuen Topf. Die bessere Vorgehensweise bedeutet natürlich häufiges Gießen und letztlich auch Umpflanzen. Aber was ist das gegen das Auswechseln eingegangener Lieblinge. Beim Verpflanzen sollte man den Ballen stets auf Feuchtigkeit prüfen und ihn bei größerem Mangel unbedingt erst einmal zum Vollsaugen in Gießwasser stellen. Neuen Töpfen gönnt man ebenfalls zunächst ein Wasserbad, bestenfalls für mehrere Stunden. Erst wenn sie wieder (äußerlich) abgetrocknet sind, kommen die Pflanzen hinein. Ungewässert würden die Gefäße (aus Steingut oder Ähnlichem) ständig Feuchtigkeit aus der Erde rauben.

Nochmals etwas gegen Ameisen – gnadenlos

Ameisen für sich genommen bieten schon ganz gut Gelegenheit zu Ärger, etwa wenn sie den sandigen Unterbau von Wegen auseinandernehmen, da kennen die gar nichts. Es gibt darüber hinaus, nämlich mit einem gewissen bösen Gärtnerblick Richtung Blattläuse, einen weiteren Grund, ein Zurückhalten der Ameisen aus dem Garten für wünschenswert zu halten. Die Ameisen fühlen sich nämlich den Blattläusen außerordentlich verbunden. Nicht dass sie diese zum Fressen gerne hätten, darüber ließe sich reden. Nein, Ameisen laben sich an dem Honigtau der Läuse und treiben sie dadurch erst noch zu erhöhter Saugtätigkeit an unseren armen Pflanzen. Deswegen hier ein weiterer fieser Ameisenfang-Tipp: Großen Badeschwamm nehmen, Zucker draufstreuen, auslegen, warten. Wimmelt es dann so richtig auf dem Schwamm, wirft man diesen (Handschuhe anziehen!) in kochendes Wasser. Gnadenlos.

Ein übergroßer Topf ist für die Pflanze viel ungünstiger als ein sehr kleiner.

Vom Einlagern und Haltbarmachen

Früh- oder Mistbeetkasten als Winterlager

Frisches Kohlgemüse hat im Winter, zumal wenn es sich um solches aus dem naturgemäßen Anbau handelt, seinen Preis. Im Herbst ist es oftmals im Überfluss, auch in den eigenen Beeten, vorhanden. Wir können den Überfluss nutzen und auf eine längere Verbrauchszeit verteilen. Es stellt kein besonderes Problem dar, Kohlgemüse falsch zu lagern, indem man es beispielsweise in den Keller legt und sich immer wieder kopfschüttelnd über die gar schlapp und welken Köpfe wundert und den komischen Kellergeschmack. Steht einem ein Früh- oder Mistbeetkasten für Lagerzwecke zur Verfügung, sieht die Sache schlagartig viel besser aus. Anfang November werden die Strünke auf ca. 10 cm eingekürzt und schräg nach oben zeigend, reihenweise in den leeren Kasten gesetzt. Je nach Tiefe des Kastens können mehrere Lagen aufgeschichtet werden. Auf die oberste schaufelt man ca. 20 cm Gartenerde, ohne noch andere Materialien (Stroh, Laub usw.) dazu zu tun. Nun legt man die Fenster auf und denkt daran, dass bei spätherbstlicher Wärme eine Lüftung des Lagerkastens erforderlich ist. Bei Frost deckt man die Fenster mit Stroh oder Laub ab. Mindestens bis März wird man auf diese Weise saftiges und wohlschmeckendes Kohlgemüse günstig „ernten" können.

Schadhafte Stellen oder faule Blätter werden natürlich vor der Lagerung entfernt.

Vergeht das Obst sehr rasch im Lager beim Verwalten, müssen wir den Überblick behalten

Gewöhnlich sind die sogenannten Obsthorden, also die einzelnen Lagerflächen eines Regals, waagerecht eingebaut bzw. als Schubladen eingeschoben. So, mit relativ wenig Abstand zwischen den einzelnen Lagen, kriegen wir eine ansehnliche Menge bei ziemlich wenig Platzbedarf unter. Das ist fein, bei Obst, welches im Lager zum raschen Verderben neigt, aber nicht sehr praktisch. Denn faulendes Obst muss immer sofort aus dem Lager entfernt werden, sonst steckt es regelrecht an! Regelmäßige, ja tägliche Kontrolle empfiehlt sich und dafür wiederum eine Regalbauweise, die mehr Luft zwischen den einzelnen Hordenlagen lässt, eine leichte Neigung aufweist und nach Möglichkeit ausreichend Einblick von allen Seiten gewährt. Dann können wir fast schon so nebenbei auf unserem täglichen Streifzug durchs Aufbewahrungsrevier die Lager zu kontrollieren.

Ein rascher, guter Überblick ist Voraussetzung für eine lange Versorgung mit leckerem, gesundem Lagerungsobst.

Das Beet im Keller

Blumenkohlköpfe, die noch nicht zu voller Größe gewachsen sind, können, in Sand eingeschlagen, im Lagerkeller durchaus noch zulegen. Mit etwas mehr

Wenn es nicht mehr um ein Restwachstum geht, bietet sich zur Lagerung, z.B. für Kohl und Karotten, eine Aufbewahrung in Kisten mit Sandfüllung an.

Aufwand lässt sich die Wahrscheinlichkeit einer vollen Prachtentfaltung noch steigern. Wenn es denn die räumlichen Verhältnisse zulassen, schütten wir auf den Kellerboden an einer Stelle Sand ca. 60 cm hoch auf und vermischen diesen mit etwas Erde und Holzkohle (von unbehandeltem Holz). In dieses Kellerbeet pflanzt man die kleinen Blumenkohlköpfe (möglichst mit Wurzeln).
Ungefähr einmal wöchentlich ist ein kleiner Guss nötig, aber wirklich nur, sofern das Beet trocken geworden sein sollte. Die kleinen Dinger werden sich nach einiger Zeit oftmals ganz erwachsen zeigen.

Ein brauchbarer Mini-Erdkeller ist rasch gebaut.

Lagern im Kübel – gar nicht so übel!

Das Selbstgezogene und -geerntete liegt einem natürlich besonders am Herzen, so soll es auch stets gut munden, und nach Möglichkeit soll nichts verkommen. Für diejenigen, die selber Gemüse ziehen, ist immer auch die Aufbewahrung und längere Lagerung desselben von Bedeutung. Manchmal hat man wenig Zeit, es steht einem nicht so recht Raum zur Verfügung, um beispielsweise einen 1a-Erdkeller anzulegen oder großzügige Regalflächen. Oder die Kasse ist knapp und eigentlich hat man sowieso nur ein, zwei alte, verzinkte Ascheeimer rumstehen. Na prima, solche und ähnliche Kübel sind bestens dafür geeignet, Saftigkeit und Frische zu bewahren. Man schachtet für so einen Kübel an geeignetem Ort (möglichst in Nähe des Haus- oder Küchenausgangs nach draußen) entsprechend seines Volumens aus. Der obere Rand muss ringsum mit Löchern von ca. 0,5 cm Durchmesser durchbohrt

Kohlköpfe können gut bis weit in den Winter hinein gelagert werden.

werden, die nach dem Einbau ein wenig über dem Gartenboden liegen. Das ist wichtig, damit ein gewisser Luftaustausch stattfinden kann bzw. die Ausdünstungen des Eingelagerten abziehen können. Ansonsten würde sich ein ungünstiges Kondensat im Behälter bilden und für Verderbnis sorgen. Auf den überstehenden Rand lässt sich dann auch ein Deckel oder Ähnliches gut auflegen, und außerdem gelangt auf diese Weise nicht immer gleich Erde usw. beim Öffnen in den Behälter.
Wie dies auch im Erdkeller der Fall ist, legt man in so einen Kübel nur gesundes und unbeschädigtes Gemüse, ohne Schichten von Sand dazwischen, aufeinander.
Sollten sich einmal starke Fröste ankündigen, müssen wir frühzeitig für eine schützende Abdeckung sorgen. Das ist einfach geschehen mit dem Aufschaufeln von Laub oder dem Auflegen von Stroh. Wer Strohballen griffbereit hat, ist natürlich fein dran.

Keine Angst: ein wenig Kälte ist noch lange kein Grund, das Gemüsebeet sofort komplett ins Winterlager räumen zu müssen.

Sellerie nicht zu früh ins Lager, da ist er doch noch viel zu mager

„Nur keine Bange" mag man den eifrig besorgten Gartenmenschen zurufen. Nur weil es gerade mal ein paar Herbsttage von der kühleren Sorte gab, sind sie schon hektisch mit dem Einholen ihres Selleriegemüses und diverser anderer im Gange. Das ist überhaupt nicht nötig und auch nicht vorteilhaft, ganz im Gegenteil. Sellerie, aber auch Rosenkohl, Porree, Möhren, Schwarzwurzeln und Petersilie vertragen gut einige Kälte. Dem Sellerie kommt das kühle, feuchte Spätherbstwetter besonders gelegen. Jetzt gewinnt er noch ganz erheblich an Größe, aber auch Güte. Wenn er schließlich lagerbereit gemacht werden soll, beachte man, die Wurzeln nicht zu nah an der Knolle abzuschneiden. Und das Kraut darf nicht abgerissen werden. Den Knollen bekäme dies überhaupt nicht, sie wären nicht haltbar und würden faulen. Am besten ist Sellerie, wie etliches anderes Gemüse auch, in einem kühlen, frostfreien (Erd-)Keller aufgehoben, aber selbst eine frostfreie, trockene Grube würde für eine Überwinterung ausreichen.

Früchte konservieren mit Ingwer

Früchte, die in Zucker eingekocht sind, zumal wenn man bei der Konservierungsarbeit sehr gründlich auf Sauberkeit achtet, sind an sich schon gut gegen das Verderben geschützt. Dabei spielt die Menge des Zuckers in Hinsicht auf die Haltbarkeit keine nebensächliche Rolle, je mehr Zucker, desto sicherer ist im Prinzip der konservierende Effekt.
Dem Sicherheitsbedürfnis lässt sich freilich noch weiter entgegenkommen. Wenn es einem gelingt, an eingemachten ostindischen Ingwer zu gelangen, wird man neben einer gesteigerten Haltbarkeitswirkung auch noch eine köstlich-exotische Geschmacksnote ins Eingekochte zaubern können. Dazu nehme man auf 500 g Früchte ein Stück Ingwer in der Größe einer Pflaume, schneide es in kleine Stücke und mische diese unter die Früchte. Ingwer ist sehr bekömmlich, nicht jedermann mag allerdings seinen Geschmack. Bevor man nun seine ganze Ernte damit konserviert, sollte man die Geschmacksfrage für sich geklärt haben.

Eine andere Variante der Obstkonservierung ist die Trocknung.

Sind Tomaten noch nicht reif geworden, hol'n sie's nach, in ganzen Horden

Vorab einer kleiner Wink: wenn sich das Ende der Tomatenernte abzeichnet, man aber nicht alle Früchte auf einmal einer geordneten Verwendung überführen kann, lässt sich die Verbrauchsdauer etwas strecken.
Dazu entnehme man die ganze Pflanze mit den daran verbliebenen Früchten,

Tomaten müssen nicht rot sein, um sie vorsorglich zu ernten, aber sie sollten mindestens eine heller werdende (nicht mehr grüne) Stelle aufweisen.

entferne die Wurzel und hänge sie verkehrt herum in einem frostfreien Raum auf. So halten sie sich länger als abgeerntet und hingelegt.

Beim Nachreifen von Tomaten verfährt man folgendermaßen: Erst mal nachsehen, ob die unreifen Früchtchen mindestens eine helle Stelle aufweisen können und zu reifen beginnen. Tomaten müssen nicht rot sein, um sie vorsorglich zu ernten, aber sie sollten mindestens eine heller werdende (nicht mehr grüne) Stelle aufweisen. Ist dies der Fall, pflücken wir eine bestimmte, in absehbarer Zeit verbrauchbare Menge ab und bringen sie in einen Raum, der mindestens 18 °C bieten kann. Nur bei einiger Wärme reifen Tomaten nämlich dann auch nach.

Geräuchertes manchmal in Kisten legen, der Lagermeister gibt seinen Segen

Sicher ist es heutzutage eher selten an der Tagesordnung, dass größere Mengen von Geräuchertem, beispielsweise wunderbare Thüringer Mettwurst aus besten Quellen, zu bevorraten sind. Dennoch, vielleicht bringt ein lieber Verwandter einmal so etwas Köstliches in rauen Mengen mit, weil er sich noch genau erinnern kann, wie scharf alle auf die ech-

Ein Obstlager muss kühl, frostfrei und gut durchlüftet sein. Kranke Früchte müssen regelmäßig entfernt werden.

ten Knacker waren. So was kann man doch unmöglich verderben lassen. Solche Würste und andere geräucherte Fleischwaren halten sich ganz ausgezeichnet eingebettet in sauberen Kisten und dicht umstreut mit trockenem Häcksel (Holzschnitzel, unbehandelt!).
Diese Methode ist der Aufbewahrung an Stangen hängend vorzuziehen, weil das Fleisch dort nach einiger Zeit meistens zu sehr austrocknet und unangenehm hart wird.

Mini-Lagerung für Angeschnittenes

Wo wir nun schon einmal bei der Wurst sind: Gerade in den modernen Einzelmenschen-Haushalten, hat man oft mit gekauften Größenordnungen zu kämpfen, die man gar nicht bewältigen kann. Viel zu schnell geben Wurst und Schinken keine gute Figur mehr ab, sind trocken und fad.
Für eine eher kurzfristige, aber eben auch unvermeidliche Lagerhaltung, gewissermaßen bis zum anderen Ende der Wurst, sei den jüngeren unter uns folgende Erhaltungsmaßnahme empfohlen: Bestreicht die Schnittfläche ca. messerrückendick mit reinem Schweinefett und macht Euch die Mühe, das gute Stück in Pergamentpapier zu packen. Zum weiteren Verbrauch wird das Fett weggestrichen und hinterher wieder drauf. Eventuell reicht es aber auch hin, wenn man die Schnittfläche der erhaltenswerten Wurst fest auf ein eingefettetes Stück Pergamentpapier drückt.

Und wo soll der Käse rein – welches Lager darf es sein

Freunde dieses Produktes wissen vielleicht gar nicht, dass sich die Aufbewahrung im Kühlschrank nicht unbedingt vorteilhaft auf die geschmackliche Qualität auswirkt. Natürlich bedarf es eines kühleren Ortes, sonst ist der Genuss schnell dahin. Frisch und schmackhaft erhält man Käse, wenn man ihn in ein mit Wein, Bier oder Salzwasser getränktes Leinentuch einschlägt. Fettem Käse bekommt es, wenn man ihn in ein Tuch einwickelt, das zuvor in eine entfette Fleischbrühe eingetaucht wurde. Wer einer eher rustikalen Lebensweise nachgeht, muss bei solchen Aufbewahrungsmethoden aber auch daran denken, dass Milben zum Problem werden können. Um diese fernzuhalten, tauche man den aufzubewahrenden Käse vor der Tuchverpackung in Bier oder bedecke ihn mit Hopfenblättern. Es muss bei solchen Maßnahmen, die uns die Haltbarkeit und Geschmacksfrische erhalten sollen, unbedingt auf Reinlichkeit geachtet werden. Wenn also Stoffe zur Anwendung kommen, sollten diese möglichst unbehandelt und sehr sauber sein.

Was man nicht alles aus dieser Lieblingsfrucht machen kann.

Tomaten-Kuchen? Ja richtig, wollten wir schon immer mal versuchen

Es geht bei diesem Tipp um die Haltbarmachung einer unserer Lieblingsgemüse hier in deutschen Landen. Als getrocknete Konserve haben wir früher davon tatsächlich über Jahre gezehrt.

Nun, so bereitet man die Trockenmasse: Reife Früchte werden gesäubert, zerschnitten und zu einem Brei zerkocht. Diesen Brei treibt man anschließend durch ein dichtes Sieb, danach wird die Masse nochmals gekocht und zwar diesmal, bis sie dick ist. Diese Masse bringen wir dann auf Kuchenbleche auf, in einer Schicht von 2 bis 3 cm Höhe. Zu meiner Zeit haben wir danach eine nicht zu heiße Stelle beim Ofen oder Kochherd ausgewählt und dort die Bleche solange stehen gelassen, bis der nun wirklich entstandene Tomatenkuchen ganz trocken war. Mit einer entsprechend niedrigen Backstufe bei den heutigen Herden wird man dasselbe Ergebnis im Backofen zuwege bringen.

Nachdem der Kuchen schließlich ganz abgekühlt ist, brechen oder schneiden wir ihn in Stücke. Von diesen kann man, in Leinensäckchen gefüllt und trocken gelagert, über sehr lange Zeiträume nach Bedarf nehmen, z.B. zur Bereitung von Suppen und Soßen. Aber auch bei der Zusammenstellung eines schmackhaften Reiseproviants sollte man an diesen fruchtig herzhaften Tomatengeschmack denken und in die Vorratssäcken greifen.

Machst du Druck, tu es richtig, das ist wichtig!

Manchmal muss man Druck ausüben, liebe Leute. Kaum einem bleibt das erspart wie auch das mehr oder weniger unbeeindruckte Aushalten desselben.

Auch unser allseits geschätztes Obst muss sich das gefallen lassen. Beispielsweise beim Verpacken. Wenn Ihr also wieder einmal eine schöne Ladung Äpfel auf den Weg bringen wollt, dann geht umsichtig beim Einpacken mit der wertvollen Fracht um und denkt dabei an Folgendes: Mit dem Druckausüben verhält es sich so, dass es auf die Art und Weise ankommt, ob man die gefürchteten braunen Flecken am Obst „erntet“ oder vermeidet. Fällt ein Apfel zu Boden, wie es bei Fallobst nun mal an der Tagesordnung ist, käme es schon einem mittleren Wunder gleich, wenn er nicht vor Schreck an mindestens einer Stelle braun anläuft. Abgesehen davon, dass selbst wir unerschütterlichen Altvorderen gar nicht sehr begeistert sind von diesen unleckeren Stellen am Obste, wird die Haltbarkeit derart lädierter Früchte dadurch nicht gerade verlängert. Bei zu locker in das Behältnis (in einen Karton beispielsweise) gelegten Äpfeln passiert nun dasselbe. Früchte, die dort zu Billardkugeln werden, würden uns ohne zu Zögern mit den unansehnlichen und sowieso ungünstigen Flecken abstrafen.

Äpfel sind sehr druckempfindlich. Bei der Ernte sowie bei eventueller Verpackung und Transport muss sorgfältig mit ihnen umgegangen werden.

Hingegen würde die Folge langsam ausgeübten Drucks, der z.B. beim festen Zudrücken einer Verpackungsabdeckung entsteht und womit eine stabile Lage der Früchte für den Transport zu erreichen wäre, nicht in den lästigen Druckstellen bestehen. Zwar kommt es unter Umständen auch zu einem Druckfleck; der wird aber nicht das wenig delikate Braun annehmen, weil die Zellen des Fruchtfleisches bei dieser langsamen Gangart nicht allzu sehr in Mitleidenschaft gezogen werden. Macht es also mit Gefühl, das tut ja ohnehin ganz gut.

Tuttifrutti mit Schuss – das ist natürlich kein Muss

Dieses geistvolle Rezept beinhaltet und bewahrt die bunte Fülle unseres geliebten Obstgartens und ist zugleich eine Reminiszenz auch an das jahreszeitliche Kommen und Gehen der verschiedenen

Die bunte Vielfalt des Obstgartens findet sich, z.B. in Cognac auf das Köstlichste konserviert, in Großvaters Tuttifrutti wieder.

Früchte. Wir beginnen mit den Erdbeeren, von denen wir eine ausgewählte Bedarfsmenge gleich nach der Ernte gesäubert in eine Schüssel oder einen Steintopf geben und darauf die gleiche Gewichtsmenge aufgelösten heißen Zuckers gießen. Anschließend kommt eine halbe Flasche Cognac oder Branntwein darüber, und dann deckt man das Gefäß gut ab. Steht der Saft nach einigen Tagen über den Früchten, ist alles in Ordnung, ansonsten gibt man noch etwas Zucker dazu. Nach ein paar Wochen kommen ausgekernte Kirschen dazu und wieder die gleiche Menge an Zucker und ein Glas Cognac oder Branntwein. Und so geht es stets weiter, Schicht für Schicht kommen Aprikosen, Pflaumen, Himbeeren, Johannisbeeren hinzu, nur bloß nicht den guten Schuss vom Alkoholischen vergessen und stets darauf achten, dass der Saft auf den Früchten steht. Dass nun eine solcherart erzeugte Obst-Melange ein recht langes Haltbarkeitsdatum aufweist, hängt nun mal mit den sie konservierenden Substanzen zusammen, gleichwohl soll es glauben wer will, dass dieser Traum lange anhält ...

Genießen wie in alter Zeit

Bevor wir vom Schauplatz Garten zu dem der Küche wechseln, kurz noch einmal, nur so zur Erinnerung: Für den Wohlgeschmack, aber bei verschiedenen Produkten auch mit strengem Blick auf den Erhalt unserer Gesundheit ist es von großer Bedeutung, dass sie ausschließlich in frischem, einwandfreiem Zustand Verwendung finden. Das ist vor allem bei Eiern wegen der möglichen Salmonellengefahr sehr wichtig.
Wenn wir die Schalen von insbesondere Zitrusfrüchten zum Verzehr nehmen, sollten diese auf jeden Fall von unbehandelten Früchten stammen; eine gründliche Reinigung von Obst und Gemüse vor dem Gebrauch versteht sich ja ohnehin von selbst.
Jetzt versammeln wir fleißigen Gärtner uns endlich einmal in dieser ausgesprochen gemütlichen Abteilung meines Schatzkästchens zum reinen Vergnügen, zur Muße und zum Genießen der Früchte unserer Mühen und Arbeit.

Von der grünen Bohne bis in die Tasse: Kaffee einmal fast von A bis Z selber herstellen.

Kaffee einmal ganz vom Feinsten

Um obigem Anspruch gerecht zu werden, wage man einmal, wenigstens einmal im Leben, folgendes Herstellungsverfahren auszuprobieren: Wir besorgen eine allerbeste Sorte Kaffeebohnen – und jetzt kommt es – in ungeröstetem Zustand. Sollte einem dies gelingen, sorge man für eine gute Auslese, diese wasche man mit lauwarmen Wasser und trockne die Bohnen anschließend sehr gründlich. Die Röstung müsste am besten in einer feuerfesten, gusseisernen Trommel erfolgen, die über einem milden Holzfeuer gedreht wird, so dass alle Bohnen eine schöne, dunkel-kastanienbraune, gleichmäßige Färbung erhalten. Erst kurz vor dem Verbrauch mahlt man dann eine bestimmte Menge der Bohnen, pro Tasse rechnen wir mit 7 bis 8 g, das ist schon recht kräftig. Unser wundervoll duftendes Kaffeepulver kommt nun in den Filter-Trichter und der auf die Kanne. Das Wasser ist nun auch schon kochend heiß. So ungefähr suppenlöffelweise begießen wir jetzt die Pulvermasse und achten darauf, dass das restliche Wasser stets kochend gehalten wird und eben annähernd kochend in den Filter gelangt. So, wer den Kaffee nicht schwarz serviert bekommen mag, freut sich bestimmt über Zucker und Sahne dazu. Das ist dann ganz edel.

Eis-Kaffee – hiervon am liebsten ein ganzer See

Eiskaffee ist heutzutage wahrlich keine Sensation mehr, aber den nach folgender Machart hergestellten wird man bei den einschlägigen Adressen vermutlich doch nicht serviert bekommen:
Zusammen mit 100 g gerösteten Kaffeebohnen mahle man 125 g abgezogene süße Mandeln, ein paar Bittere sollten auch darunter sein. 2 l frische Milch werden zum Kochen gebracht, worauf man das Gemahlene dazuschüttet und alles wiederum zum Aufkochen bringt. Nun wird die Flüssigkeit gefiltert, darauf nochmals zum Kochen gebracht, nach Geschmack gesüßt und zum Schluss mit sechs Eigelb und zwei Teelöffel in etwas Milch aufgelöstem Kartoffelmehl abgezogen. Den Erkaltungsprozess begleite man mit gelegentlichem Umrühren. Früher wurde ein Salz-Eis-Gemisch hergestellt, in das die Zubereitungsgefäße gestellt wurden. Wir können hier nun bequemer vorgehen und Kühlschrank bzw. Kühltruhe mit in die Herstellung einbeziehen. Ob wir diesen großväterlichen Eiskaffee schließlich noch mit (Vanille-)Eiskugeln angereichert servieren wollen, bleibt dem Belieben der Ausprobierenden überlassen.

Für die Kleinen – Milchschokolade

Solange die Kleinen noch richtig auf Welterkundung aus sind, haben sie oft auch eine Menge Spaß am Ausprobieren selber hergestellter Naschereien. Und dazu gehören eben auch süße Getränke. Ausgesprochen hilfsbereit greifen sie Großvater und Großmutter bei allen Arbeiten unter die Arme. Will man ihnen einmal vorführen, wie lecker heiße Milchschokolade schmeckt, die man aus festen Schokoladentafeln zaubern kann, so lässt man sie bei der Gemeinschaftsarbeit zunächst 250g hochwertige Schokolade in ein Gefäß mit 0,5l Wasser bröckeln. Bei milder Hitze wird die Schokolade nun bis zu ihrer Auflösung zum Schmelzen gebracht. Darauf gießt man 1,5l Milch hinzu und vermischt alles gut und lässt das Ganze eine Weile (leicht) kochen (ansetzen vermeiden). Vor dem sicherlich mit Spannung erwarteten Einschenken zieht man den Schokoladen-

Über eine Tasse selbstgemachte Milchschokolade freuen sich unsere „Kleinen“ sicherlich.

trunk mit zwei schaumig gequirlten Eigelb ab. Das steigert bestimmt nochmals die Neugier, aber wie gesagt, nur so lange die Kleinen noch so richtig hübsch klein sind.

Wasser-Schokolade

Ist gerade keine frische Milch im Haus und die Kleinen oder andere Trinkschokoladenverliebten können auf ihr Lieblingsgetränk trotzdem nicht verzichten, darf man ihnen ruhig mal die Variante auf Wasserbasis anbieten. 125 g feinste (Milch-) Schokolade und 1 l Wasser kommen in getrennten Gefäßen auf den Herd. Bei schwacher Hitze warten wir ab, bis die Schokolade ganz weich geworden ist, verrühren sie zu Brei und gießen nach und nach das heiße Wasser unter stetigem Rühren hinzu. Die Schokoladenflüssigkeit wird langsam zum Kochen gebracht und noch fünf bis zehn Minuten am Köcheln gehalten (immer mal wieder umrühren). Als Trostpflaster müsste das allemal reichen.

Mandelmilch ist unbekannt – da sind wir aber sehr gespannt

Unser Streifzug durch Großvaters Bargewährt Einblicke in die eine oder andere Rezeptur, an der achtlos vorbei zuschlendern pure Sünde wäre. Das soll uns mit dem folgenden Rezept jedenfalls nicht passieren:
250 g abgezogene süße Mandeln werden in einem Mörser fein zerstoßen. In ein Porzellangefäß gegeben, übergießen wir die Mandelmasse mit 1,25 l Wasser und lassen dies eine Viertelstunde stehen. Anschließend kommen 200 g Puderzucker hinzu, und dann presst man diese Mandel-Zucker-Flüssigkeit durch eine Stoffserviette. Die solcherart entstandene Mandelmilch wird noch mit einigen Löffeln Orangenblütenwasser angereichert (im Delikatessengeschäft nachfragen). Nebenbei sei erwähnt: Bei den uns gänzlich unbekannten Rezepten rät Großvater zu der uns Gärtnern eige-

Wenn draußen die bunten Blätter im Herbstwind rascheln, lässt es sich in der Stube mit einer Tasse Mandelmilch gut aushalten.

nen Geduld, appelliert an das superbe Einfühlungsvermögen und hofft auf die unersättliche Lust am Ausprobieren.

Zitronen-Limonade – ein Verzicht wäre schade

Natürlich wird es nie Mangel an Zitronenlimonade im Supermarkt um die Ecke geben. Aber vielleicht hat man einmal Lust heraus zu finden, ob man sie selber so hinbekommt, dass sie einem wirklich schmeckt. Wir probieren es mit 250 g Zucker, der mit 0,5 l Wasser aufgekocht wird, wobei man die dünn abgeschälte Schale einer unbehandelten Zitrone darin ausziehen lässt (später rausnehmen nicht vergessen).
Nach dem Erkalten der Zuckerlösung gibt man den Saft von drei Zitronen hinzu und vermischt das Ganze mit 1,5 l frischem Wasser. Das sprudelt zwar nicht, aber gut gekühlt an heißen Tagen dürfte auch dieser Saft ein willkommener Durstlöscher sein.

Auch ein Durstlöscher aus eigener Herstellung kann begeistern, nach getaner Arbeit ohnehin.

Erdbeerbowle

Die Erdbeerbowle zählen wir zu den Klassikern, die man einem zünftigen Gartenfest besser nicht vorenthalten sollte. Deswegen für alle Fälle zur Erinnerung hier die einschlägigen Herstellungsdaten:
Wir gehen von gut 1 kg frischen, gewaschenen Erdbeeren aus, die man in einem Sieb hat abtropfen lassen und dann ordentlich überzuckert hat. Abgedeckt dürfen sich nun beide Elemente über Stunden näher kommen. Dann greifen wir nochmals zu Zucker, nämlich 250 g, lösen diesen (in wenig Wasser) auf und bringen dieses Süppchen mit drei Flaschen Weißwein in einer Terrine oder Schale zusammen, in der problemlos noch die gesüßten Erdbeeren Platz haben. Alles zusammen findet sich dann zwischenzeitlich in den Serviergläsern ein, bevor es den üblichen Weg alles Ess- und Trinkbaren geht. Vor dem Ausschank empfiehlt sich wiederum, die Bowle ein wenig in Ruhe zu lassen, womit wir ihr die Gelegenheit bieten, innerhalb ihres Aromas zu sich selber zu finden.

Bowle mit Ananas – das ist doch was

Man soll nur nicht glauben, Gärtnermenschen hätten nicht auch ein ausgeprägtes Gespür für hochfeine Anlässe. Mit ihrer an sich schon aristokratischen Grundhaltung dem Grünbereich des Lebens gegenüber ist es ihnen ein Leichtes, immer wieder edle Motive zum ausgelassenen Feiern in irgendeiner Gartenecke aufzustöbern. Ist einem von uns endlich mal wieder ein passender Grund in die Harke geraten, besorgt man sich umgehend eine frische Ananas, damit lässt sich heutzutage ganz spontan umgehen. Dieses Früchtchen schneiden wir in Scheiben, welche gründlichst mit Zucker bestreut werden, worauf ein Glas Madeira darüber zu entleeren ist. Anschließend können wir einige Stunden

Frische, klein geschnittene Ananas ist das „Herz“ der Ananasbowle.

voller Vorfreude in den Beeten verbringen, während sich die Ananas mit dem Süßwein vergnügt. Dann schreiten wir zum Finale: Auf drei Flaschen Weißwein kommen – ordentlich durchrühren – 200 g Zucker, wir geben die Ananasscheiben hinzu und unmittelbar vor dem Kredenzen in erlauchter Runde lassen wir einen Champagnerkorken knallen und bringen die Mischung mit dem perlenden Nass in Hochform. Die Eigene ist für gewöhnlich nach kurzer Zeit ebenfalls sicher gestellt.

Bowle mit Pfirsich – hat auch was für sich

Hat man so etwas schon erlebt, roten und weißen Wein miteinander zu vermixen, und es kommt etwas Anständiges, Brauchbares, ja Delikates dabei heraus? Sofern das Ziel eine köstliche Pfirsich-Bowle ist, spricht nichts gegen den befremdlichen Mischmasch. Starten wir damit, ungefähr 1 kg geschälte und in feine Scheiben geschnittene Pfirsiche mit Zucker zu bestreuen und anschließend einige Stunden so stehen zu lassen. Als nächstes lösen wir 250 g Zucker (in wenig Wasser) in einer Schüssel auf, die von ihren Abmessungen her noch je

Pfirsiche eignen sich hervorragend für die Zubereitung einer sommerlichen Bowle.

eine Flasche Rotwein und Weißwein aufnehmen kann und auch immer noch nicht überläuft, wenn wir die zuckrigen Pfirsichscheiben hinzu gesellen. Bevor die Frucht dazu gegeben wird, sorgen wir durch gewissenhaftes Rühren dafür, dass beide Weine plus Zuckerlösung eine unwiderrufliche Verbindung miteinander eingegangen sind.
Es schadet dann ganz und gar nicht, wenn sich die nun im Prinzip fertig gestellte Bowle noch ein Weilchen zurückziehen darf, um an Charakter und Autorität zu gewinnen.

Mit einem Wein von Himbeeren aus dem eigenen Garten kann Großvater seine Gästen stets begeistern.

Himbeerwein – wirklich fein

Himbeeren vom Strauch sind stets willkommen, Himbeeren aus der Flasche haben freilich auch etwas für sich. An lauen Sommertagen etwa ist ein Obstwein in Ehren kaum einem zu verwehren.
Für ungefähr 3 l herzustellenden Himbeerwein müssen wir ca. 1 l Himbeersaft gewinnen (Früchte zerdrücken, auspressen und Masse durch ein Sieb gießen). Auf diese Saftmenge kommen 1 kg Zucker und 2 l leichter Weißwein. Alles zusammen wird aufgekocht und nach dem Abkühlen in Flaschen gefüllt.
An einen kühlen Ort gestellt, geben wir der Köstlichkeit noch etwas Gelegenheit, zu Ruhe und Reife zugelangen. Bald natürlich ist unsere Geduld dann am Ende, wir wollen es wissen.

Grüße vom Admiral

Nicht nur auf rauer See genehmigt man sich seit Urzeiten aus guten und auch weniger guten Gründen den einen oder anderen aufmunternden Schluck. Aber selbst bei weniger hohem Seegang ist es gelegentlich angezeigt, mit einem Admiral anzustoßen. Und mit diesem mischen wir vom Festland jetzt einfach mal mit:
Bei schwacher Hitze lassen wir eine Flasche Weißwein in einer Kasserolle mit 8 g Zimt und einer halben Stange Vanille zugedeckt aufziehen. Darin werden außerdem 200 g Zucker aufgelöst. Anschließend quirlt man diese Mischung mit acht Eigelb, die zuvor ziemlich

schaumig geschlagen wurden, ab. Nach dem Zurückgießen in die Kasserolle lässt man das Ganze unter beständigem Rühren wieder aufziehen, setzt den Quirl nochmals ein und bringt nun ohne Federlesen den schäumenden Admiral unters Gartenvolk.

Auch der Cardinal ist uns nicht egal

Unter den Kirchenleuten wusste man stets die guten von den weniger erbaulichen Flüssigkeiten zu unterscheiden. Die Kunde von einer der besseren ist sogar bis in unsere bescheidene Laube vorgedrungen:
Man reibe die Schale einer unbehandelten Orange auf 0,5 kg Zucker ab und löse den so behandelten Süßstoff in (etwas) Wasser auf. Die Schale einer dünn abgeschälten Pomeranze zieht inzwischen in einer halben Tasse Wasser aus. Zu dem Zucker-Orangen-Wasser gieße man nun vier Flaschen Weißwein, dazu den gefilterten Saft von zwei Orangen und gebe abschließend zwei bis drei Löffel von dem Pomeranzenauszug dazu. Gut durchmischt steht einer Servierung der geduldig wartenden Laubenbesucher nichts mehr im Wege.

Im Herbst und vor allem Winter hat der Gärtner einmal richtig Zeit, sich auszuruhen und leckere Rezepte auszuprobieren.

Geheimrezept vom Bischof

Nun zum Bischof

Wir fühlen uns unter den Kirchenleuten momentan recht wohl und lassen uns vertrauensvoll in ein weiteres Geheimnis ihrer Braukünste einweisen:
In 1 l Rotwein als Orientierungsmenge löse man 100 g Zucker auf. Die dünn abgeschälte Schale einer kleinen unbehandelten Pomeranze erhält für eine halbe Stunde Gelegenheit, ihr Aroma an eine halbe Tasse Wasser abzugeben. Nach dieser knappen vorbereitenden Zeremonie überlässt man es dann dem Geschmack der Versuchspersonen, wie viel von Wein, Zuckerflüssigkeit und Pomeranzenextrakt in einem Kelch zusammenfinden sollen.

Der Königspunsch

Es mag gelegentlich vorkommen, dass trotz akuten Bedarfs gerade mal kein Königspunsch servierbereit zur Hand ist. Für diesen ungewöhnlichen Fall hier sogleich das Rezept:
Das Rezept besticht übrigens durch majestätische Schlichtheit: Man reibt und verteilt zuerst die Schale einer unbehandelten Zitrone auf 0,75 kg Raffinadezucker und löst diese Masse dann mit 2 l kochendem Wasser auf. In einem Behältnis mischt man nun zwei Flaschen (je 0,75 l) Weißwein mit 1 l Rum und dem Saft von zwei Zitronen. Danach gießt man den aufgelösten Zucker hinzu und lässt die ganze Mischung aufkochen. Und anschließend: wohl bekomm's.

Der kalte Punsch

Wem dieser königliche Punsch, etwa jahreszeitlich gesehen, zu heiß daher kommt, kann gern auch mit einer kalten Variante Vorlieb nehmen.
In ein Gefäß ausreichender Größe bringen wir die dünn abgeschälte Schale einer unbehandelten Zitrone, 0,5 kg Zucker und den Saft dreier Zitronen zu-

All die heißen Getränke genießt man natürlich am liebsten zur Winterszeit.

sammen. Das ist natürlich noch nicht alles. Denn außerdem entleeren wir in dasselbe Gefäß noch zwei Flaschen Weißwein (nehmt ruhig 1-l-Flaschen) und eine halbe Flasche (ca. 0,75 l) Arrak. Arrak ist ein Branntwein ostindischer Herkunft, der es wahrhaft in sich hat. Hergestellt wird er aus Reis, Palmsaft oder Melasse, einer Art Reststoff, der bei der Zuckergewinnung anfällt. Dieses Süppchen decke man jetzt fest zu und lasse es vier bis fünf Stunden reifen. Dann darf aufgetragen werden.

Und wenn mich mein Gedächtnis nicht im Stich lässt, so deucht mir, war die Stimmung mit der kalten Variante um keinen Deut schlechter als mit der heißen. Und die stellt man folgendermaßen her.

Der heiße Punsch

Damit verhält es sich folgendermaßen: Man reibt die Schale einer unbehandelten Zitrone auf 0,75 kg Zucker, bringt die Masse in ein Gefäß (Terrine) und gießt 0,5 l kochendes Wasser darüber. Das Gefäß wird nun so lange verschlossen stehen gelassen bis sich der Zucker darin aufgelöst hat. Ist es dann soweit, gießt man eine Flasche Weißwein, den Saft

Winter im Garten

zweier Zitronen, 2 l kochendes Wasser und eine Flasche guten Rum (0,75 l) dazu. Gründlich durchgerührt (nicht geschüttelt!) wird diese Punsch-Variante dann noch sehr heiß den Versammelten zur Verköstigung gereicht.

Himbeer-Schnaps

Der feine Himbeer-Schnaps ist rasch aufgesetzt: In eine größere Flasche kommen 250 g Himbeeren und 250 g weißer Kandiszucker. Darauf gießt man eine Flasche (guten) Korn hinzu und lässt das Ganze vier Wochen in Ruhe. Nun filtert man den Aufguss (durch ein Tuch) und füllt den fertigen Schnaps in die eigentliche Schnapsflasche.

Wir wollen hören, wie es geht mit den Likören

Liköre brauchen nicht unbedingt die handelsüblichen 38 – 40 % Alkoholgehalt zu haben. Je feiner das Aroma gewünscht wird, desto eher sollte die Alkoholstärke zwischen 25 und 30 % liegen. Ein guter Likör vermag eine beachtliche Aroma-Leistung vorzuweisen und wirkt zur rechten Zeit genossen auch anderweitig durchaus angenehm. Versuchen wir doch einen feinen Erdbeerlikör selber herzustellen.

Himbeerschnaps braucht vier Wochen Ruhe.

Erdbeer-Likör

An Walderdbeeren wird man nicht so ohne Weiteres herankommen, die wären aufgrund ihres besonders köstlichen Aromas erste Wahl. Wir greifen zu dem, was erreichbar ist und nehmen so viele Früchte, wie in ein 1-l-Gefäß passen. Die Erdbeeren werden gründlich gewaschen und mit 375 g Zucker und 3 l Branntwein in ein Steingutgefäß (Steinkruke) gefüllt. Das Gefäß wird mit einem Tuch (Leinen) abgedeckt, und nun ruht diese Vorstufe zum Likör vier Wochen lang, danach wird die Flüssigkeit gefiltert (durch Filterpapier oder Mullläppchen) und in Flaschen gefüllt. Diese müssen gut verkorkt werden und zur Aufbewahrung an einem kühlen Ort stehen. Großvater gönnte den Selbstgemachten mindestens noch einmal vier Wochen Ruhe (also wirklich keine Bewegung). Manchmal waren die Flaschen in einem Kleiderschrank genau am richtigen Platz untergebracht.

Ingwer-Likör

Ingwer ist bekanntlich nicht jedermanns Angelegenheit, wird jedoch von manch kundigem Genießer sehr wohl geschätzt. Diese Klientel zumindest würde auch einen Likör aus dem würzigen Stoff nicht verachten, bereiten wir uns also auf ein Angebot an sie vor. Über 100 g fein zerkleinerten Ingwer in einem Gefäß gießen wir 2 l hochprozentigen Alkohol (z.B. 40 %-igen Korn). Hinzu gesellen sich 8 g ganzer Zimt und genauso viel Kardamom. Das Gefäß wird nun sorgfältig verschlossen und für einige Wochen weggestellt. Der nächste Arbeitsgang besteht darin, 375 g Zucker in 1 l Wasser zu kochen und diese Flüssigkeit mit dem Ingweraufguss zu vermischen. Durch einen Porzellantrichter gefiltert, füllen wir den fertig gestellten Likör in Flaschen.

Wer so viele Walderdbeeren genießen kann, z.B. verarbeitet als Likör, kann sich glücklich schätzen.

Mit Likör von Zitronen darf man sich auch mal belohnen

Sauer macht bekanntlich lustig, und ein guter Zitronenlikör sollte, in Maßen genossen, keine gegenteilige Wirkung hervorrufen. Die Aussicht auf eine eigene Herstellung macht uns wiederum gar nicht sauer, da sie keine Schwerstarbeit mit sich bringt. So geht's: In eine saubere 1-l-Flasche geben wir die dünn abgeschälte Schale von vier unbehandelten Zitronen. Nun füllen wir diese Flasche mit 1 l hochprozentigen Alkohol (z.B. 40%-igen Korn) und lassen sie zwei bis drei Wochen gut verschlossen stehen. Als nächstes werden 375 g Zucker in 1 l Wasser gekocht, diese Flüssigkeit wird mit dem Zitronenaufguss vermischt und dann ein paar Tage (abgedeckt) stehen gelassen. Abschließend wird der angehende Likör durch einen Porzellantrichter gefiltert und dann auf Flaschen gezogen. Die Flaschen werden also wieder für mindestens vier Wochen kühl und dunkel gestellt und nicht bewegt. Das gilt freilich für die anderen selbst hergestellten alkoholischen Getränke ebenfalls.

Sauer macht bekanntlich lustig, ein delikater Zitronenlikör wird kaum gegenteilig wirken.

Auch Pomeranzen-Likör mögen wir sehr

Hat man einen Likör mit Zitronengeschmack anzubieten, macht es natürlich immer einen guten Eindruck, im Zweifelsfalle auch noch einen mit Orangenaroma hervor zu zaubern. Nun denn, so setzen wir diesen an: Einige trockene unbehandelte Pomeranzenschalen werden eingeweicht und anschließend deren äußere gelbe Schale sorgfältig abgeschält und in kleine Stücke geschnitten. Davon kommen ca. 66 g in eine 2-l-Flasche, die daraufhin mit hochprozentigem Alkohol aufgefüllt und gut verschlossen für drei Wochen weggestellt wird. Nach dieser Zeit schreiten wir zum zweiten Akt, der damit beginnt, 375 g Zu-

Um den Wein richtig zum Glühen zu bringen, ist kein riesiges Geheimnis zu lüften.

cker in 1 l Wasser zu kochen, woraufhin dieses Süßwasser dann mit dem Aufguss vermischt wird. Anschließend wird das Ganze durch einen Porzellantrichter fein gefiltert und schließlich in Flaschen gefüllt. Nun haben wir die Wahl.

Glühwein? Kaufen muss nicht sein

Also den Wein, den Roten, werden die wenigstens selber anbauen und schließlich auf Flaschen ziehen; den müsste man wohl schon käuflich erwerben. Gehen wir mal von 1,5 l Roten nicht gar so aller simpelster Sorte und Verdruss erzeugender Säuerlichkeit aus und kombinieren diesen in einem Topf mit ca. 16 g ganzem Zimt, ca. 20 Gewürznelken, der dünn abgeschälten Schale einer unbehandelten Zitrone oder Pomeranze und 125 g Zucker. Bei sorgsamer Befeuerung milderer Herdesstärken, nur ja nicht wild aufkochen lassen, wird das Ganze heiß gemacht. Ist es so weit, sofort in die Becher damit! Wetten, der schmeckt?

Madeira-Creme

Zu zehn Eigelb gesellen sich 250 g Puderzucker, der Saft einer Zitrone sowie, wie sollte man's vergessen, eine halbe Flasche Madeira. Dieses Gemenge wird tüchtig durchgequirlt, wir geben etwas fein gestoßene Vanille hinzu und lassen es dann auf dem Herd leicht aufwallen und dick werden. Unter die langsam erkaltende Masse geben wir unter beständigem Rühren dann 33 g aufgelöste Gelatine hinein und ziehen abschließend einen 0,5 l steif geschlagene Sahne durch. In eine passende, möglichst hübsche Form, die mit Mandelöl ausgestrichen wurde, füllen wir jetzt die Masse und lassen sie fest werden. Nachdem die fertiggestellte, erkaltete Creme dann später hoffentlich ohne Schaden genommen zu haben auf einen Servierteller gestürzt wurde, krönen wir dieselbe mit einer Lage feiner Biskuits.

Kastanien-Creme

So ganz verbreitet ist das Wissen um den Wohlgeschmack von Esskastanien wohl nicht, deswegen der dezente Hinweis hier, dass die Grundlage dieser superben Köstlichkeit natürlich die auch Maronen genannten Früchte sind. Gehen wir von 60 g feingeriebenen, zuvor

Eine Nachspeise der ausgefallenen Art ist eine Creme aus Maronen (Esskastanien).

freilich gekochten, geschälten und abgezogenen Maronen aus. Diese Masse verrühre man mit sechs Eidottern, das gewonnene Eiweiß stellen wir beiseite. 0,625 l guten Rums kommen nun hinzu, und anschließend wird die Mischung bis zum Aufwallen erhitzt. Nun ist etwas Ausdauer gefragt, denn unter beständigem Rühren soll das Ganze anschließend abkühlen. Mit etwas Zucker runden wir geschmacklich ab und ziehen zuletzt das zu Schnee aufgeschlagene Eiweiß langsam durch die Creme. In eine Servierschale gefüllt muss man sich gedulden, bis die Masse erkaltet und steif geworden ist.

Tee-Creme

Immer wieder, so vernimmt man gelegentlich, sieht sich der fleißig schaffende Gartenmensch völlig unvermittelt vor das Phänomen gestellt: er fühlt sich irgendwie „very british"; eine tiefe Sehnsucht nach gediegenster englischer Gartenkultur überfällt ihn und verlangt energisch nach Befriedigung. Wir eilen folgendermaßen zu Hilfe:
30 g guter Schwarztee sowie etwas gewiegte Zitronenschale und etwas Zimt lässt man in 0,25 l kochendem Wasser ein wenig ziehen. Darauf gießt man diese Brühe in einen anderen Topf um und lässt sie mit 0,75 l süßer Sahne und 100 g Zucker aufkochen. Zehn Eigelb werden zwischenzeitlich gründlich aufgeschlagen; dann gießt man die siedende Flüssigkeit unter beständigem Quirlen nach und nach dazu. Nun sorgt man dafür, dass diese Masse einmal leicht aufgewallt ist und lässt sie anschließend erkalten. Die Vollendung besteht schließlich darin, die abgekühlte Masse in eine hübsche Schale zu gießen und bis zu ihrem Erstarren in Eis zu betten.

PS: Mit dem Eisfach im Kühlschrank ist das so eine Sache: es wird wahrscheinlich zu kalt sein, die Creme würde zu hart. Erhältlich sind aber Bearbeitungsbehälter, die vorab in die Kühltruhe gestellt werden.

Die österreichische Variante

Es wird zunehmend international gedacht, was gerade wir Gärtner aufs natürlichste begrüßen. Heute also Österreich: Wir gehen von 1,5 l süßer Sahne aus, die schaumig geschlagen wird, während 100 g Zucker mit etwas Vanille dazu gegeben werden. Jetzt greift man zur Lieblingsmarmelade, wovon vier Esslöffel mit 100 g Zucker gründlich verrührt werden. Etwa 15 g aufgelöste Gelatine kommen dazu (wer an die edlere Hausenblase kommt, verwende diese), und zum Abschluss zieht man steifgeschlagene Sahne (Menge davon nach Belieben, an gewünschter Sahnigkeit ausrichten) langsam durch die Masse. In eine schöne Schale gegossen, lässt man das österreichische Wunder auf Eis erstarren. Eine Eisfach-Kühlung wird – wie bereits erwähnt – nicht ganz so cremige Ergebnisse ermöglichen.

Pomeranzen-Creme

Zuerst werden ein Dutzend Eidotter mit 250 g Zucker gründlich verrührt und anschließend der Saft von zwei Pomeranzen, 0,125 l guter Rum, die fein gewiegte Schale einer unbehandelten Zitrone und die einer ebenfalls unbehandelten Pomeranze darunter gegeben. Auf dem Herd lassen wir diese Mischung dann unter ständigem Rühren dick werden und darauf unter fortwährendem Rühren erkalten. Die zwölf Eiweiß haben wir wiederum schön aufgehoben und stellen aus ihnen jetzt den Eischnee her, den wir dann langsam durch die dem Herstellungsende sich nähernde Cremesubstanz hindurch ziehen. Mit einer letzten Zutat von 25 g aufgelöster Gelatine bereichern wir das Ganze noch und warten dann auf die Erstarrung desselben in einer ansehnlichen Form. Ist alles still und starr stürzen wir die Herrlichkeit zum Servieren auf eine entsprechende Unterlage. Bevor sich nun die ganze Gartenkolonie ins und aufs Vergnügen stürzt, garnieren wir die Creme außerdem noch mit eingemachten Früchten.

Soviel zur süßen Abteilung! Jetzt wird es herzhaft:

Gartenarbeit macht hungrig. Und wir gärtnernden Großeltern waren ganz bestimmt keine Kostverächter, ganz im Gegenteil. Wenn es die Zeiten zuließen, konnten wir außerdem ganz schön raffiniert werden und eben nicht nur auf dem Acker. Ein paar herzhafte Tipps werden es Euch beweisen.

Gurken mit interessantem Innenleben

Die Bereitschaft, hier etwas Aufwand zu betreiben, wird späterhin sicher auf begeisterte Zustimmung – nicht nur in den einschlägigen Gärtnerkreisen stoßen. Stellen wir uns also vor: eine ziemlich mächtige saure Gurke – womöglich entwuchs sie einst dem eigenen Beete (freilich bevor wir sie sauer einlegten) –, wird in zwei Hälften geschnitten, geschält, und ihr Kernhaus wird entfernt. Jetzt vermengen wir feingewiegten kalten Braten mit Pfeffer und Salz, füllen diese Masse in die geschaffene Aushöhlung und streichen (milden) Senf darüber.
Eine servierfreundliche Verzierung dieses Gurkenarrangements mit Kapern, halbierten hartgekochten Eiern und Sardellen wird vermutlich auch heutzutage noch mit Wohlwollen bedacht werden.

Einige Tropfen Zitronensaft (von Zitronen, mit Verlaub, doch nicht aus der Flasche!) dürften die berühmten i-Tüpfelchen sein, die nie fehlen sollten.

Gärtners-Omelette

Wenn draußen im Garten alles auf Hochtouren läuft, tut das auch irgendwann der Hunger, und dann wäre es wirklich angebracht, es gäbe rasch ein

Großvaters Gärtner-Omelette ist undenkbar ohne frischen Schnittlauch.

ordentliches Beruhigungsmittel dagegen. Sagen wir mal ein herzhaftes Omelette, das wäre doch nett. Wir bereiten dazu einen ganz normalen Eierkuchenteig, verwenden aber als Flüssigkeit eine schmackhafte Fleischbrühe und süßen den Teig nicht. In die Teiggrundlage mischen wir dann Salz und Pfeffer, feingewiegte Petersilie, Schnittlauch und Schalotten. Aus dem fertigen Teig formen wir nun die Omeletten und backen diese ganz wie gewöhnlich. Sind die Omeletten durch, bestreuen wir sie noch mit gewiegten Kapern, Petersilie sowie ein wenig Schnittlauch und rollen sie zusammen. Und das geht so fix, dass wir bestimmt nicht schon satt vom Köcheln sind.

Maronenauflauf nach Feierabend, da sieht man uns dann froh und labend

Für unsere Laubenfeste und ausgelassen Gartenpartys durfte es auch schon mal etwas exquisiter sein, jedenfalls so vom Gedanken des nicht Alltäglichen her. Hier also ein Rezept für das leckere Häppchen unter mildem Mondschein und blühendem Flieder: Esskastanien kommen in kochendes Wasser, worauf ihnen anschließend die innere Haut abgezogen wird. Nun werden sie in einer Fleischbrühe zusammen mit einer kleinen Zwiebel und einem Stück rohem Schinken weichgedämpft; eine Prise Salz dazu kann nicht schaden. Zwischenzeitlich haben wir eine passende Menge Brotscheiben goldgelb geröstet (in der Pfanne, mit etwas Butter).

Diese kommen nun mit den fertiggedämpften Kastanien in eine Backform, wir gießen die entstandene Brühe darüber, setzen kleine Butterstücken auf die Oberfläche und streuen zu guter Letzt noch Semmelbrösel darüber.
Jetzt ab in den Backofen damit und dafür sorgen, dass auch diese Torte gelingt, indem wir sie mit einer goldgelb gebackenen Deckschicht wieder zum Vorschein bringen. So lässt sich die Stimmung nochmals deutlich steigern, der kalte Punsch ist ja sicher auch schon bereit.

Auf Resteverwertung achten und wie wir's mit Gebratenem machten

Nach ausgiebigeren Gärtnergelagen bleiben schon mal ganz erkleckliche Reste hochgeschätzter Leckerbissen übrig. Da grämen wir uns doch gar nicht lange und schreiten sofort zur weiteren Verwertung:
Braten- und Geflügelreste werden recht gründlich mit dem Wiegemesser bearbeitet. Die entstandene Fleischmasse kommt nun in eine Soße, die aus einer mit Bouillon aufgekochten, hellen Einbrenne hergestellt wurde. Dazu gibt man (nach Geschmack) Zitronensaft, Sardellenbutter, etwas gemahlenen weißen Pfeffer und je nach der vorhandenen Menge darauf abgestimmt Gelatine hinzu (einige Blätter). In einer flachen Schüssel lässt man die Mischung erkalten und steif werden, so dass sich später Würstchen daraus formen lassen. Diese werden nun noch in Ei und Semmelbrösel paniert und können dann der Pfanne übergeben werden. Wahlweise in Butter oder anderem Backfett gebraten, nehmen sie mit der Zeit eine goldgelbe Farbe an, was goldrichtig ist. Die Party kann weitergehen. Kein Mensch käme da auf die Idee, er würde hier mit Zweitklassigem abgespeist.

Frisches Gemüse aus dem eigenen Garten lässt sich zu vielen Leckereien verarbeiten.

Großvaters kleine Gartenweisheiten

Schon unsere Großväter wussten den Einfluss des Mondes auf die Pflanzen und ihr Wachstum zu nutzen.

Der Mond und sein Einfluss im Garten

Wir älteren Gartenmenschen vermuteten seit jeher feinere und stärkere Bande zwischen den Dingen in der Welt, was natürlich auch für diejenigen in der Kleinausgabe Garten gilt. So sind wir schon immer davon ausgegangen, dass der Mond nicht nur eine mehr oder weniger leuchtende Scheibe ist, die für unsere Gartenpraxis gar keine Bedeutung hat. Was die Einflüsse der uns nächsten Himmelskugel betrifft, kann man mit ganz handfesten Fakten aufwarten, wie wir alle wissen. Nicht nur Ebbe und Flut gehorchen dem Mond. Beobachter aus Gebirgsgegenden etwa werden bestätigen, dass dort das Bachbett von Bächen, die Hochwasser führen, bei abnehmendem Mond von Geröll ausgeräumt wird und Schäden an Ufern durch Unterspülungen drohen. Der zunehmende Mond hingegen füllt den Bach mit Kies und Steinen. Das ist doch ganz bemerkenswert. So sollen hier nun einige Winke folgen, deren grundsätzliche Richtigkeit zu überprüfen dem neugierigen Gartenpraktiker bestimmt einiges Vergnügen bereiten dürfte.

Vom **z**unehmenden Mond ist (in unseren Breiten) die Rede, wenn man seine Sichel aus einem kleingeschriebenen altdeutschen 𝔷 ableitet kann. Der **a**bnehmende Mond ließe sich aus dem kleingeschriebenem deutschen 𝔞 ableiten.

Einige Garten-Mond-Weisheiten

1. Gleichzeitig von Vorteil wie von Nachteil kann sich die Zwiebelpflanzung bei Vollmond erweisen. Eine Gartenfraktion meint, es fördere die Größe der Zwiebel, na, das wäre doch prima. Die Anderen warnen dagegen vor dem „Krautschießen“. Nun, womöglich liegen die Unterschiede im Boden bzw. am Standort insgesamt und es gilt mal wieder: probieren geht über studieren.

Nach Großvaters Ansicht führen Aussaat und Anbau nach Mond und Planeten zu besonders guten Gemüse-Erträgen und hervorragender Qualität.

2. Bohnen und Erbsen bevorzugen es unbedingt, bei abnehmendem Mond gesät zu werden. Immer wieder hören wir Klagen, dass bei Zuwiderhandlung zwar ordentlich geblüht, aber auf das Ansetzen von Hülsen vergeblich gewartet wird.
3. Auch den Kohl soll man bei abnehmendem Mond säen, sonst droht der zunehmende bis volle Mond, die Saat aus dem Boden zu ziehen. So viel Anziehungskraft ist doch wahrlich erstaunlich.
4. Wenn's der Zeitplan zulässt, setzen wir vorteilhafter Weise Obstbäume bei zunehmendem Mond; auch der Vollmond stellt hier keinen Einwand dar. Der Neumond tut uns hier keinen Gefallen: Bäume bei Neumond gepflanzt, blühen zwar, beschenken uns aber nicht so üppig mit ihren Früchten.

5. Für Obstbäume gilt, dass überflüssiges, störendes Geäst besser bei abnehmendem Mond geschnitten wird. Was an den Bäumen wachsen soll, erhält hingegen bei zunehmendem Mond seinen Schnitt.
6. Mit beschädigten Obstbäumen gehe man folgendermaßen um: zwei bis drei Tage nach Vollmond werden die Stellen sauber bis auf das gesunde Holz ausgeschnitten. Wem nun eine Kuh zur Verfügung steht, oder wer weiß, wo eine steht, kann sich Dung von ihr besorgen und die Baumwunde damit zwecks Heilungsförderung vorsichtshalber ausstreichen und dann verbinden.
7. Für die Ernte von Gemüse und vor allem dessen Lagerung merken wir uns: An den ersten Tagen nach Vollmond von den Beeten geholt, bleibt es länger haltbar.
8. Wer an getrockneten Früchten Geschmack gefunden hat, findet sie vielleicht noch bedeutend schmackhafter, wenn sie einst bei abnehmendem Mond geerntet wurden.
9. Der abnehmende Mond gilt zudem als hilfreicher Partner, wenn es um das Konservieren und Einmachen geht. Was hier der Haltbarkeit zugute kommt und auf längere Sicht die Güte schützt, verdient ruhig einmal Beachtung. Wer sich schon die Mühe macht, beispielsweise Marmelade nach Großmutters Rezepten in bester Manier selber einzukochen, weiß die eine oder andere Unterstützung – selbst von so unerwarteter Seite wie dem Mond – sicher zu schätzen.
10. Zu guter Letzt: Manches im Garten, wie soll ich sagen, möchte doch am besten verschwinden oder sich wenigstens nicht allzu breit machen dürfen, zum Beispiel das wilde Kraut, also kurz und gut mal hier: Unkraut. Oder schnellwachsende bis auswuchernde Hecken. Bei abnehmendem Mond geschnitten bauen wir dann sozusagen gleich eine Wachstumsbremse mit ein.

Auch das Wachstum und die Entwicklung von Kräutern stehen unter dem Einfluss des Mondes.

Mist – im Kasten die Fliege ist! Gibt's denn da keine verscheuchende List?

Nur keine Panik, hier kann Entwarnung gegeben werden. Das nervöse Gesumme und Gebrumme mag zwar nerven, aber wirklichen Schaden richtet die Mistfliege im Mistbeetkasten nicht an. Durch Lüftung und nach Abkühlung der Packung verschwindet sie auch ohne Aufbringen menschlicher List.

Also ehrlich gesagt: Schaden richten die Biester hier eigentlich nicht an.

Manchmal wirkt die Blüte in Massen verschönerungshebend um mehrere Klassen

Wenn auch im Vordergrund der großväterlichen Ratschläge der sogenannte Nutzgarten steht, so bedeutet dies nicht, dass man früher der gestalteten Gartenanlage kaum Beachtung schenkte. Großvater hatte über lange Jahre des Schaffens freilich auch seinen Blick geschärft für die wohlgeratenen, anmutigen oder wahrhaft hinreißenden Formen, Farben, Arrangements, die der Mensch in seine Gartenwelt hineinbringen kann. Dabei gab ihm sicherlich viel eher als es heute der Fall ist dasjenige eine wunderbare Orientierungshilfe, was man in der Natur antraf.

Ein schönes Beispiel dafür besteht in der Beobachtung, dass ein ganz spezieller Reiz von größeren Ansammlungen blühender Pflanzen einer Art ausgeht. Das vermag jeder nachzuvollziehen, der einen prächtigen, blühenden Baum betrachtet, etwa eine japanische Zierkirsche, aber auch einfach irgendeinen großen, schönen Obstbaum. Es ist schlicht die in dieser Mächtigkeit in den Blick kommende Einheitlichkeit des Farbspiels und der Blütenform, die eine geradezu betörende Wirkung hinterlässt. Man stößt gelegentlich auf Bilder in der Natur, deren Stimmigkeit und Schönheit sprachlos machen: Alles scheint richtig zu sein. Eine Frühlingswiese, ein Meer von leuchtenden Löwenzahnblüten und dort, wie hineingemalt, eine Handvoll blühender Apfelbäume.

Diese bezaubernde Wirkung großer Ansammlungen einer Blumensorte, kombiniert mit einigen wenigen ähnlichen Pflanzen, können wir uns gezielt in den Garten holen.

Staudenbeete, einfarbig oder farblich kombiniert, ziehen die Blicke jedes Gartenbesuchers auf sich.

Als Teppichbeete, kleinere oder größere Inseln oder Bänder und Ringe stellen einheitliche Blütengruppen einen magischen Anziehungspunkt dar, der zugleich kraftvoll die Blicke auf sich lenkt und von dem doch auch Ruhe und eine ordnende Kraft ausgeht.

Ein mit Schneeglöckchenblüten übersäter, noch wintermatter Rasen sendet erste zarte Frühjahrsgrüße aus. Auch Krokusse, in Gruppen einer Farbe platziert, hinterlassen einen viel überzeugenderen Eindruck als ein Menge verstreuter unterschiedlicher Farbkleckse. Und besonders in grauer Winterszeit sehnen wir uns nach kraftvollen Signalen aus der lebendigen Natur. Je weiter wir dann in das Frühjahr vorrücken, desto reichhaltiger wird die Auswahl reizender Blumen und herrlich blühender Sträucher. Weil im Frühjahr zunächst rasch die Farbe Gelb überwiegt – da überwältigen ja

Entscheidend für den überzeugenden Gesamteindruck ist nicht etwa die Buntheit, sondern die Stimmigkeit von Farbe und Form.

geradezu das farbentwöhnte Auge die prächtig leuchtenden Forsythiensträucher –, sollte man schon sehr bewusst noch ein wenig Farbkontrast, aber diesen deutlich in der Menge der jeweiligen Ausprägung, dagegen stellen. Als Unterpflanzung für Forsythien bieten sich Schneeglöckchen oder violetter Krokus an, auch Veilchen und rotfarbene Primeln lassen sich vorteilhaft dazu gruppieren.

Ein mit blühendem Heidekraut überzogenes Beet, lediglich unterbrochen in der Fläche von einigen markanten Findlingen oder Felsen, besänftigt den Blick, ohne langweilig zu wirken. Zu der überzeugenden optischen Wirkung von in größeren Gruppen auftretenden Blütenpflanzen kommt der wahrlich bezaubernde Moment köstlicher Düfte etlicher Blüten. Um ganze Gartenbereiche in ein Duftmeer zu tauchen, braucht man dann tatsächlich größere Ansammlungen einer Art. Es steht reichlich Auswahl zur Verfügung, um von Frühjahr bis Herbst unsere Nasen zu verwöhnen: mit Veilchen, Duftschneeball, auch manche Tulpensorte erfreut hier, Maiglöckchen, Flieder, Duftwicke, Lavendel, Herbstphlox und -flieder sind einige Möglichkeiten genannt. Neben einer anzustrebenden Farbharmonie sollte man sich aber auch stets nach Möglichkeiten umsehen, wirklich interessante, nicht bemühte Kontraste zu schaffen und dabei den einfachsten nicht zu vernachlässigen: den von hell und dunkel. Abschließend sei an einen alten, weisen Grundsatz erinnert, der zugleich die Botschaft des Gesagten auf den entscheidenden Punkt bringen dürfte: weniger ist mehr.

Rasen mähen und liegen lassen, aber bitte nicht in Massen

Es ist tatsächlich schon lange her, dass sich kluge Rasen-Mäher zu fragen begannen, wie sie sich die ziemlich lästige und eintönige Mäharbeit erleichtern könnten, ohne dabei die angestrebte feine Rasenqualität zu mindern. Eines Tages muss es einer kaltblütig ausprobiert haben, den Rasen einfach etwas kürzer als sonst abzuschneiden und dem Schnittgut anschließend den Rücken zu zukehren in der Hoffnung, es würde sich möglicherweise von alleine wegbewegen oder wenigsten stillschweigend auflösen. Was es dann im Grunde ja auch tat. Vor allem wenn die Sonne lacht ist der liegen gebliebene Rasenschnitt, sofern er nicht in zusammengepackten Fladen verteilt wurde, im Nu regelrecht verschwunden. Das junge Gras schiebt sich rasch über die verdörrten Halme, die wiederum eine gute Düngequelle abgeben. Verbrauchter Nährstoff wird auf diese Weise an Ort und Stelle wieder zurückgeführt.

Die Kehrseite, wenn man es so betrachten will, besteht darin, dass diese Vorgehensweise häufiges Mähen erforderlich macht, weil man nicht allzu langes und kräftiges Schnittgut liegen lassen sollte, die Verwitterung dauert dann zu lange, der Rasen würde bedeckt sein. Zweimal die Woche während der Hauptwachstumszeit ist angebracht.

Es sind seit einiger Zeit Rasenmäher erhältlich, die man mit einer Mulcheinrichtung ausgestattet hat. Aber viele werden sich für ihre kleineren Flächen so ein recht teures Gerät nicht unbedingt zulegen wollen und viele wissen um diese vereinfachte, aber vorteilhafte Methode wohl gar nicht. Wer technisch nicht so super ausgestattet ist, dem dürfte die Mulch-Schnitt-Methode sehr entgegenkommen, weil damit alles in allem gesehen doch eine ganze Menge Zeit und Arbeitsaufwand eingespart werden kann, und dem Rasen tut es auch noch gut. Nebenbei: Zu einer guten Ra-

senpflege gehört auch das regelmäßige Vertikutieren, mit dem man einer Verfilzung vorbeugt (je ein Mal im Frühjahr und Herbst).
Eine gelegentliche Düngung ist ebenfalls erforderlich, will man sattes, kräftiges Grün und möglichst wenig Wildkraut sehen. Guter organischer Rasendünger ist da erste Wahl, weil er für eine langfristige Qualitätssteigerung des Bodens sorgt.

Der Eindruck mag täuschen: aber aus diesem Gestrüpp sprießt im Frühjahr wieder frisches Pflanzenleben.

Pelargonien über'n Winter bringen, kann auch ohne ries'ge Müh' gelingen

Einst erreichte Großvater ein lehrreicher Hinweis aus der neuen Welt; ein amerikanischer Gartenfreund wies darauf hin, dass man sich in seiner Heimat die Arbeit erspare, Pelargonien (Geranien) in Töpfen zu überwintern. Dort nehme man die Pflanzen im Herbst aus der Erde, schüttele diese gut ab und binde sie dutzendweise an den Wurzeln zusammen. Abgeschnitten werde nichts, man hänge sie dann als Büschel in einem trockenen (Keller-)Raum unter der Decke auf, wo sie natürlich ganz trocken und welk würden. Aber faulen könne so überhaupt nichts. Trockenheit und Welksein würden die Pelargonien jedoch keineswegs davon abhalten, im Frühjahr wieder ganz munter auszutreiben.

Großvater rechnete durch und musste einsehen: dieses Vorgehen erspart tatsächlich einiges an Arbeit, vor allem wenn doch einige Mengen zu versorgen sind. In Töpfen über Winter gehalten, müsste man die Pflanzen entsprechend zurechtschneiden und dürfte die Gießarbeit nicht vernachlässigen. Bei der bequemeren Variante kann man sich immer noch überlegen, ob man die (oder nur ein paar) Pelargonien im Januar doch noch in Töpfe bringt, um im Februar Stecklinge schneiden zu können. So erhielte man für das Frühjahr immer noch rechtzeitig kräftige Jungpflanzen.

Wespen im Obst – wie wird man sie los?

Es sind diese warmen Spätsommernachmittage, die einen zu Kaffee und frischem Zwetschgenkuchen locken. Und es sind diese Tage, an denen wir ein weiteres Mal zur Kenntnis nehmen müssen, dass wir Zwetschgenkuchenliebhaber nicht alleine auf dieser Erde sind. Da sind auch noch die Wespen. Möglicherweise könnte man diesbezüglich wenigstens eine Milderung des Problems erreichen, indem wir eine ganz ausgefuchste Wespen-Ablenk-Strategie verfolgen. Wir locken sie von unseren Obstbäumen einfach weg, die selbst ganz erheblich Schaden durch die Biester erleiden können, und vielleicht zugleich von uns Spätsommernachmittags-zwetschgenkuchengenießern. Voller Berechnung siedeln wir also Wespen-Fangpflanzen an. Wichtig ist, dass es Pflanzen sind, deren Blüten noch wesentlich lieber von den Wespen besucht werden, als Obstbäume oder gar unser Kuchen. Als ausgesprochen verlockend gilt eine bestimmte Zwergmispelart, nämlich *Cotoneaster simonsii*, wie es mir ein holländischer Landsmann vor langer Zeit bei Kaffee und Kuchen verriet. Wir sollten also sehen, dass wir an das raffinierte Gewächs herankommen und eine gute Anzahl davon mit einigem Abstand zu den schützenswerten Obstbäumen und Garten-Naschnischen anpflanzen.

Die Zwergmispel-Art *Cotoneaster simonsii* lockt Wespen an und hält sie somit von Obstbäumen fern.

Ausmauern von hohlen Bäumen

Ein Baum mit aushöhlendem Fäulnisschaden, der nicht gerade im Begriff steht, bei der nächsten Gelegenheit auseinander zu brechen und somit eine unberechenbare Gefahr darstellt, muss noch längst nicht verloren sein. An einem nicht allzu mächtigen, beschädigten Baum, den man ins Herz geschlossen hat, darf man deswegen ruhig einen Rettungsversuch unternehmen. Zweifelt man allerdings, nachdem man die unerlässliche gründliche Entfernung allen morschen Holzes abgeschlossen hat

und das ganze Ausmaß der Höhlung sieht, an dessen Stabilität, sollte unbedingt ein fachkundiger Berater herangezogen werden.
Sofern keine Gefahr droht, kann man nach der erwähnten obligaten Säuberung die Aushöhlung zumauern. Wenn keine Feuchtigkeit (von oben) in die ausgemauerte Stelle einzudringen vermag, kann man als Füllmaterial Lehmmörtel verwenden, andernfalls muss der dichter abschließende Zementmörtel genommen werden. Mit einem Gemisch aus je einem Teil Zement und Kalk plus sechs Teilen Sand, sorgsam durchmischt und gut angefeuchtet, lässt sich eine Verfüllung herstellen, welche eine passable Grundlage für weitere viele Jahre Freude an dem guten Stück abgibt.

Gründliches Vorgehen kann uns den Baum noch lange erhalten.

Die Sense – ein altbewährtes Arbeitsmittel

Möglicherweise befinde ich mich momentan nicht auf dem allerletzten Stand der Technik, aber soweit hier das Auge des gestandenen Gärtners reicht, erblickt es noch keinen rechten Ersatz für das Werkzeug Sense. Keine Frage, dieses Instrument wird in aller Regel im Garten nicht notwendigerweise zur obligatorischen Ausrüstung gezählt werden müssen. Wer jedoch eine kleine oder auch größere Naturwiese sein Eigen nennen darf, der sollte über die Anschaffung einer solchen Gerätschaft scharf nachdenken. Bevor nun eine Investition in den Gerätepark erfolgt, sollte man nach einer Möglichkeit Ausschau halten, einmal eine Sense in die Hand zu bekommen und nach Möglichkeit unter Anleitung ein paar Schnitte zu probieren.
Einige grundlegende Hinweise sollen hier gleich noch zur Sprache kommen: Für die Pflege einer recht ebenen Naturwiese reicht der Besitz einer Sense mit einer so großen Blattlänge, wie sie der Benutzer noch gut beherrschen kann. Kurze Blätter setzt man bei entsprechenden Hanglagen oder für Böschungen ein. Damit die

Großvater benutzt zum Mähen solcher Naturwiesen seine Sense.

Sense über einen (längeren) Schnitt stets ordentlich schneidet, wird sie währenddessen immer mal wieder mit einem Wetzstein abgezogen. Was übrigens keinesfalls mit Schleifarbeiten zu verwechseln ist. Denn Sensen werden nie geschliffen, das Blatt würde sonst schnell zu dünn und würde dann bald zum Flattern neigen. Sensen werden zwecks Schärfung

gedengelt, womit das exakte Behämmern des äußeren Blattschneiderandes (2–3 mm breit) bezeichnet wird. Dazu benötigt man den passenden Amboss und einen Dengelhammer.
Der günstigste Zeitpunkt für einen guten Wiesenschnitt mit der Sense ist früh morgens gegeben, wenn das Gras noch taunass ist und wir mal wieder lieber in den Federn liegen bleiben würden. Der Wiesenbewuchs hat dann nämlich den besten Stand und neigt nicht zu arbeitserschwerender Schlaffheit. Leichter Regen schafft ebenfalls eine gute Voraussetzung zum Mähen mit der Sense. Demgegenüber empfiehlt sich bei trockener Wiese ein Schnitt nicht, er würde unsauber und die Sense stumpf.
Da bleiben wir doch lieber gleich liegen.

Erdbeerpflanzen selbst gezogen

Im eigenen Garten hat man mitunter etwas besonders Schönes, in das man ganz verliebt ist und das man einfach nicht mehr missen möchte. Das könnten die Erdbeeren sein, die man einst aussäte? Die so unwiderstehlich aromatischen Früchte haben nur leider einen kleinen Nachteil: wir wissen dummerweise nicht, in welche Sorte wir so schrecklich vernarrt sind. Wenn wir selbst probieren wollen, was aus den Samen unserer Lieblingsfrüchte wird, dann gehen wir wie folgt vor: wir nehmen ein paar von den lieblichen Früchten, atmen tief durch und zerdrücken sie nun aber auch rücksichtslos zu Brei. Der bleibt einige Tage stehen, bis er ausgegoren ist, und wird anschließend mit Wasser vermengt. Nun lassen sich die Samenkörner, die schwerer sind als andere Bestandteile, auswaschen. Die Samen legen wir in Samenschalen, stellen sie am besten in einen Mistbeetkasten, wo sie beschattet und feucht gehalten werden. Für das Samenbeet eignet sich vorzugsweise sandige Erde. Wenn alles gut geht, können wir auf diese selbständige Weise das Erdbeerglück auch ohne Sortenkenntnis über Generationen hinweg verlängern.

Saatgut von der Lieblingssorte: dafür opfern wir doch gerne ein paar Früchte.

Buchs zu Pyramide schneiden – hier muss nicht wirklich einer leiden

Womöglich steht man eines Tages vor seinem ungefähr einen Meter hohen Buchsbaumstrauch und sagt sich: „Eigentlich würde er mir als Pyramide viel besser gefallen. So wie dies eine Ding da beim Nachbarn." Jedenfalls muss man jetzt nicht gleich verzweifeln, weil man denkt, seine Zeit wäre abgelaufen, die vom Buchs ist gemeint. Nein, wenn man sich der Mühe unterzieht, den Buchsbaum im Umfange durch gepflegte Schneidearbeit zurückzuhalten, währenddessen seine Spitze ungehindert weitermarschieren darf, um schließlich den entscheidenden Vorsprung zu erringen, dann schält sich gewissermaßen Stück für Stück der pyramidale Wuchs aus der ehemals verschmähten Form.

Wer Form in seinen Buchsbaum bringen will, kann es ja mal mit der Pyramide probieren.

Wir streben einen gleichmäßigen Schnitt an, also ein um den Buchsbaumkörper herum ebenmäßiges Einkürzen der heraustreibenden Zweigenden, die Spitze bleibt wie gesagt verschont, jedenfalls so lange, bis sie sich deutlich herausgebildet hat und bei zukünftigen Formschnitten mit berücksichtigt werden muss. Zu einem schönen, geraden Wuchs wollen wir das Bäumchen schließlich erziehen. Größere Schneidearbeiten nehmen wir im August vor, dann verträgt es die Pflanze besser.

Waldmeister: auch bei uns im Garten fühlt er sich wohl

Der Waldmeister (Echter Waldmeister, *Galium odoratum*) ist ein Meister, den wir gut und gerne in unseren Garten holen sollten. Hat man genügend von ihm bei sich ansiedeln können, so wird er die Gartenbesucher als einer der ersten aus der Familie der Duftpflanzen im Frühjahr mit seinem lieblichen Geruch begrüßen. Als Unterpflanzung bei Büschen oder Laubbäumen, also halbschattig und angelehnt an waldige Verhältnisse gelegen, erfreut er zudem (April / Mai) durch seine niedlichen Blüten und gibt im Sommer einen guten grünen Bodendecker ab. Der Waldmeister ruft nicht nach aufwendiger Pflege und hat er erst einmal seinen Standort ordentlich durchwurzelt, wird man auf sein zuverlässiges, jährliches Erscheinen bauen können. In Gruppen als Unterpflanzung angesiedelt, erfreut er das Auge und schmeichelt der Nase.

Wer sein herrliches Blütenaroma verwenden will, sollte zur Ernte schreiten, bevor sich die Knospen vollkommen entfaltet haben. Bei sofortigem Verbrauch wird man natürlich mit der größten Intensität belohnt, aber auch getrocknete Blüten, in einem fest abschließenden Behältnis aufbewahrt, können noch mit reichlich Aroma aufwarten. Für eine Bowle verwendet man für gewöhnlich die (feinsten) Stängel, auch sie werden vor der Blüte geerntet.

Auf jeden Fall muss man vor einem Gebrauch von Waldmeister als Nahrungsmittel Kenntnisse darüber einholen, in welchen Mengen er Verwendung (z.B. in einer Bowle) finden darf. In zu großen Mengen sind seine Inhaltsstoffe leberschädigend. Dazu befrage man am besten seinen Apotheker.

Der Waldmeister (*Galium odoratum*) macht auch im Garten eine gute Figur.

Draht ganz einfach spannen – pfiffige Gärtner es einst ersannen

Es gilt besonders unter uns aktiven Gartenmenschen als geradezu unerlässlich, improvisieren zu können und so aus dem oftmals vorkommenden Fast-Nichts doch noch etwas Anständiges, wenigstens Brauchbares hervorzuzaubern. Da muss z.B. ein Draht gespannt werden, um etwa einen bestimmten Bereich abzusperren. Um den Draht schön stramm zu kriegen (womöglich zerrt noch eine Last an ihm) und bei Bedarf immer mal wieder die ursprüngliche,

Wenn die Spannung nachlässt:
Mit einem einfachen Dreh lässt sie sich wieder erhöhen.

aber langsam abgenommene Spannkraft schnell und unkompliziert aufbauen zu können, bedarf es keiner großen Technik. Wir nehmen den Draht doppelt, verwenden ihn gewissermaßen als Schlaufe. Kurz vor einem der befestigten Enden (z.B. jeweils an einem Pfosten befestigt) steckt man einen stabilen Stab (größeren Nagel oder Ähnliches) zwischen die „beiden“ Drähte und kann den Doppeldraht um seine Achse gedreht regelrecht aufzwirnen. Damit der Spann-Stab nicht zum Propeller wird und der Draht wieder schlaff wäre, schieben wir ihm einen Riegel vor. Ein Stop-Stab, durch's Kantholz geschoben, erfüllt den Zweck.

Wein der zweimal blüht – ist jetzt Freude angesagt?

Manch privater Gartenmensch kann eine durchaus ansehnliche Weinpflanze vorweisen, die ihn auch reichlich mit köstlichen Trauben beschenkt. Womöglich bereitet ihm nun aber eine verführerische Erscheinung Kopfzerbrechen, die für sich genommen erst einmal süße Hoffnung aufkommen lassen könnte. Der Wein blüht zum zweiten Mal, eine weitere Ernte kündigt sich also an. Aber

Weintrauben von guter Qualität und dieser Größe entwickelt ein Rebstock nur einmal im Jahr.

Wilder Wein an der Hauswand ist besonders während der Herbstzeit schön anzuschauen. Damit er richtig dicht wird und ein volles Bild abgibt, sollte er im Juni entspitzt werden.

mit den sofort einsetzenden Zweifeln – die Zeit reicht doch gar nicht hin – klopft sogleich die Frage an, ob es nicht sinniger wäre, diese Blüten wegzuschneiden. Die Antwort lautet dann auch: Ja, es ist. Die blutjungen Träubchen werden nie und nimmer reif, aber sie nähren sich am Saft der Pflanze, der in anderen Abteilungen besser aufgehoben wäre. Also Blüten abknipsen und sich zum Trost einen guten Schoppen gönnen.

Wilder Wein – wie bekommt man ihn schön dicht

Eine Hauswand, die sich ein wilder Wein zu weiten Teilen erobert hat, gibt des öfteren ein wunderbares Bild ab. Die Verbindung des statischen Elements mit der zierlichen, jedoch unbeirrt aufstrebenden Form aus der lebendigen Natur, bezaubert und beeindruckt zugleich. Für die Schönheit des Gesamtbildes ist es

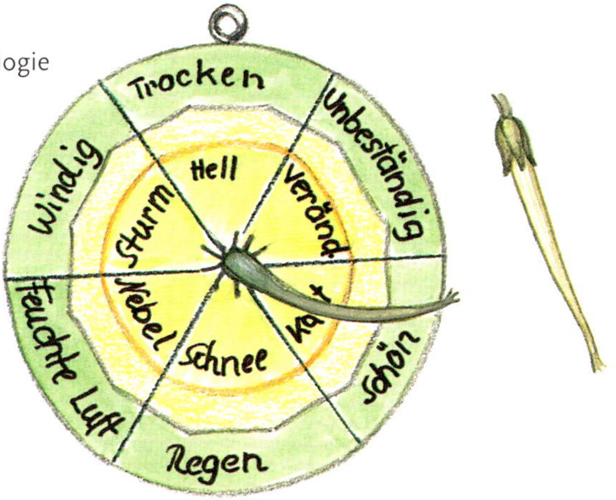

Auch ohne Hochtechnologie wissen, was los ist.

hier wichtig, dass der Wein wirklich dicht gewachsen ist, damit nicht der Eindruck von Spärlichkeit oder der einer durchlöcherten Fläche entsteht. Indem man den wilden Wein während des Monats Juni entspitzt, weckt man entsprechende Wachstumskräfte in der Pflanze, die sie zu mehr Geschlossenheit zwingen. Nach Großvaters Ansicht geht diese Art von Zwang dann durchaus in Ordnung.

Ab und zu ist ein Luftfeuchtigkeitsmesser für uns und das Lager einfach besser

Für alles und jedes gibt es technisch raffinierte Einrichtungen, und Großvater will hier nicht in Konkurrenz zu diesen Möglichkeit treten. Sich eine Messeinrichtung zur ungefähren Ermittlung der Luftfeuchtigkeit in Lagerräumen zu schaffen, ist aber durchaus sinnvoll.

Wenn in Lagerräumen eine hohe Luftfeuchtigkeit vorherrscht, wird man nicht lange auf Fäulnis am Eingelagerten warten müssen. Ein kleiner, unaufwendig selbst herzustellender Luftfeuchtigkeitsmesser kann einem Auskunft darüber geben, wie es um die Lagerräume diesbezüglich bestellt ist. Den eigentlichen Mechanismus gibt dabei ein Samen des Storchschnabels (*Geranium*) ab, der in der Mitte einer entsprechend bezeichneten Scheibe (s. Bild) fixiert ist und sich je nach Feuchtigkeit aufdreht (feuchter) bzw. zusammendreht (trockener). Nach Fertigstellung der Apparatur wartet man trockenes Wetter ab und stellt den „Schnabelzeiger" mit seiner Spitze auf „trocken".

Und dies noch kurz unter der Hand gesagt: Es würde Großvater keineswegs wundern, wenn die Kleinen reinschau'n, das Ding sehen und einstimmig zu dem Ergebnis kommen: „Total cool!"

Es gibt nicht nur feuchte Kellerräume. Sind die Lagerräume zu trocken (Feuchtigkeitsmesser beachten!), stellen wir einige Schüsseln mit Wasser auf, damit unser Obst nicht schrumpft.

Großvaters Gedächtnistraining

Vielleicht übernimmt oder erbt der eine oder andere einen schönen, großen Garten mit einer wundervollen Obstbaumwiese, auf der sich verschiedene Obstsorten tummeln, deren Namen man aber leider gar nicht weiß. Nun gut, man kriegt die Sorten raus (pflücken, zu einem Obstkenner laufen und bestimmen lassen), behält sie aber keine drei Stunden, geschweige denn bis zur nächsten Ernte. Dann sagt sich die eine Fraktion: o.k., schmecken tun sie, und wie das Zeug heißt, ist doch egal. Die aus der anderen Abteilung sagen: o.k., schmecken tun sie, aber wir wollen auch wissen, was wir da eigentlich verputzen und besitzen. Die Ehrgeizigen gehen dann noch einmal zu einem Obstkundigen, lassen das Obst bestimmen und bezeichnen je eine Sorte mit einer Nummer. Und nun wird konzentriert zugeordnet: Eine bestimmte Frucht plus Ziffer ist gleich Sorte (mit entsprechenden Charaktereigenschaften). Dies führe man zwei Mal pro Tag durch, bis es richtig sitzt. Nun pausiere man acht Tage. Dann wird wieder getestet. Dies wiederhole man so oft, bis man mit sich selbst ehrlich zufrieden ist. Diese klassische Pauk-Methode lässt sich natürlich auch auf andere Elemente unserer reichen Gartenwelt übertragen (z.B. anhand von Blattformen Laubgehölze bestimmen). Und so ein bisschen Übersicht und die

Obstsorten bestimmen, sich merken, wiedererkennen und verkosten, wie z.B. diese alte Apfelsorte 'Berlepsch', ist ein Training, das Spaß macht und schmeckt.

Herrlichkeiten beim Namen nennen können, ist ja auch nicht ganz verkehrt.

Simples Anbinden mit Erdbeerranken – das können wir ihnen verdanken

Keine Frage, Mangel an Befestigungsmaterialien wird im Durchschnittshaushalt dieser Tage kaum herrschen. Und Großvater ist weit davon entfernt, lieben Gartenmenschen irgendeinen Sparfimmel aufschwatzen zu wollen. Dennoch liegt ein Reiz darin, mit Vorhandenem aus dem Garten auszukommen und – im Grunde viel entscheidender – im Zweifelsfalle mit natürlichen Materialien zu arbeiten. Mit gutem Gewissen empfiehlt Großvater deswegen, Erdbeerranken als Anbindemittel zu verwenden. Zumal bis dato einiges dafür spricht, dass es sich bei ihnen noch um ein reines Naturprodukt handelt.

An schattiger Stelle lässt man die Ranken nach ihrer „Ernte" abwelken. Sie sind ziemlich zäh und von daher gut als Festhalter geeignet. Sollen z.B. Weinranken an einer Pergola eine bestimmte Strecke nehmen oder eine gerade gesetzte Clematis ersten Halt finden, greife man ruhig mal zu diesen Erdbeerranken. Sind die gestützten Pflanzen später nach oben gewachsen und benötigen das Bindemittel nicht mehr, braucht man sich jedenfalls bei dieser Methode nicht um eine Entfernung von Reststoffen zu kümmern. Das erledigt die Natur schon von selbst.

Die Gummibaum-Spitze: Darf sie ab, oder wird's dem Baum dann doch zu knapp?

Der Gummibaum ist wahrscheinlich heute nicht mehr so ungeheuer beliebt, wie es Großvater noch kannte. Gleichwohl mag noch so mancher treue Anhänger eines Tages vor seinem Hausbäumchen stehen und sich fragen, ob er

Keine Angst: die Spitze des Gummibaums darf ruhig abgeschnitten werden.

dessen Spitze einfach so kappen darf. Vielleicht will sie ihm nicht recht gefallen oder sie soll erst mal ab, weil ihm der Bursche inzwischen zu hoch geraten ist. Es gibt nun keinen vernünftigen Grund, hierauf die Antwort zu verheimlichen und deswegen hier die klare Antwort: Die Spitze darf herunter geschnitten werden. Mit der Konsequenz, dass dann mehr Kraft in die Entwicklung der Seitentriebe von Seiten des Gummibaums investiert wird, muss der Abschneider dann aber auch selber fertig werden.

Blühende Pyramiden aus Rot- und Weißdorn

Von Pyramiden ging seit Urzeiten eine große Faszination aus. Wir Gärtner wollen selbstverständlich auch möglichst oft gründlich fasziniert sein, und das Schöne ist, wir können selbst dafür sorgen. Wir bauen uns selbst Pyramiden, blühende! Das Grundmaterial dazu bilden Rot- oder Weißdornpflanzen. Man muss im Prinzip lediglich dafür sorgen, dass die Spitze nicht allzu schnell hoch wächst und dass die Seitenzweige nach oben hin stets deutlich kürzer gehalten werden als die unteren. Nun gut, ein

Hier verweilt das Auge des Betrachters gern: die Kunstform besticht durch ihre schöne Eleganz und schadet nicht.

paar Jährchen Geduld sind schon nötig, aber so in vier bis fünf Jahren wird man seine helle Freude an dem edlen Gewächs haben. Um den Blütenzauber über die Jahre so richtig anzufachen, bedarf es schließlich noch der jeweils rechtzeitigen Einkürzung der Sommertriebe, also im Zeitraum von Juli bis August, das ist ganz wichtig. Ein Herbstschnitt käme hier zu spät. Unsere Pyramide würde nicht zum blühenden Wunder, sondern zum struppigen Gespött neidischer Gartenablehner, die sowieso schon immer alles besser wussten.

Der Rasen lässt grüßen – wie macht er das bloß?

Lasst mal den Rasen etwas sagen, da gibt es nicht sehr viel zu wagen

Wollen wir mal eine witzige Überraschung für einen lieben Gartenfreund aushecken? Der da überrascht werden soll, muss etwas Rasenfläche um sich haben und am besten gerade für einige Tage nicht anwesend sein. Günstigerweise befinden wir uns bezogen auf den Jahresverlauf in einer Zeit, in der Rasen für gewöhnlich gut am wachsen ist (von April bis September). Sind die Verhältnisse ungefähr so wie beschrieben, brauchen wir uns nur eine kurze Grußbotschaft auszudenken und uns dann Rasendünger besorgen, der nicht besonders lange für seine Wirkstoffentfaltung benötigt. Davon streuen wir, eventuell unter Zuhilfenahme einer Schablone, eine gute Menge (aber keinesfalls überreichlich, in schädlichen Mengen) in Form der Grußbotschaft auf die dafür ausgesuchten Rasenstellen. Das muss schon ordentlich gemacht werden, also nicht rumkleckern, sonst ist das Schriftbild zerfranst. Wir gehen mit dieser Düngung genauso um, wie es sonst auch der Fall ist (also je nach Angaben eventuell gleich wässern usw.) und wiederholen die Aktion gegebenenfalls. Die gedüngten Rasenflächenanteile werden rasch eine besonders sattgrüne Farbe annehmen und voraussichtlich auch etwas rascher wachsen als die übrige Fläche. Bei einer guten Zeitplanung wird dieser nette Rasenjux seinen Überraschungseffekt bestimmt nicht verfehlen.

Nachkommen von der Blattbegonie zeugen, welchen Bedingungen müssen wir uns beugen?

Viele Gartenaktivisten reizt es wohl, gelegentlich selbst die Hand anzulegen, um Pflanzennachkömmlinge zu vermehren. Es ist schon erstaunlich, wie viel nach Vermehrung strebende Lebenskraft in einzelnen Pflanzenteilen stecken kann. An einer Blattbegonie kann man das wunderbar studieren. Dazu nimmt man ein älteres Blatt ab und legt es oben auf einen mit Sand gefüllten Topf. Mit feinen Stiften (z.B. Zahnstochern) fixieren wir es im Randbereich ringsum. Nun durchtrennt man jede Kreuzung eines Blattnervs. Anschließend wird der Topf mit einer Glasglocke abgedeckt und schattig gestellt. Wenn alles gut geht, bildet sich aus jedem durchtrennten Nerv bei guter Standortwärme eine Pflanze aus. Als Mensch kann man da einfach nur neidisch zuschauen.

Blattbegonien lassen sich leicht selbst vermehren.

Orangenbäumchen: nicht so verhätscheln

Bei Orangen denken wir an Apfelsinen, es wird uns ganz warm ums Herz und wir sind sogleich besorgt, ob unser Bäumchen nicht eigentlich doch viel zu kühl steht, wo es aus so sonnigen Weltgegenden extra zu uns gekommen ist. Und eigentlich müsste es doch längst wieder gegossen werden. Hat es etwa gelbe Blätter? Nein? Dann müsste alles im Lot sein, und wenn auch noch Früchtchen baumeln, sowieso. Diesen gar kleinen Freunden bekommt es gar nicht, wenn sie besonders warm stehen und wahnsinnig fleißig gegossen werden. Dann nämlich kriegen sie gelbe Blätter.

Angaben zur verwendeten Literatur

Albrecht, Hedwig: Neues bürgerliches Kochbuch. Verlag von Max Fischer, Dresden, 1898.

Böttner, Johannes: Gartenbuch für Anfänger. Verlag Trowitsch & Sohn GmbH, Frankfurt / Oder und Berlin, 1930, 17. Auflage.

Bruns, A., H. und S.: Biogarten Praxisbuch. Kösel-Verlag, München, 1987.

Erfurter Führer im Obst- und Gartenbau, mit Nebenblatt „Praktische Ratschläge für Haus und Hof. Verlag von J.C. Schmidt, Erfurt, Jahrgang 1905 / 1906.

Möller, Ludwig (Hrsg.): Möllers Deutsche Gärtner-Zeitung. Verlag Ludwig Möller, Erfurt, Jahrgänge 1908, 1909, 1911, 1912, 1918.

Scheibler, Sophie Wilhelmine: Allgemeines Deutsches Kochbuch. Amelans Verlag, Leipzig, 1920, 45. Auflage.

Vereins-Nachrichten des Gartenbesitzer- und Obstbauvereins Botnang e.V. mit Beilage: Der praktische Ratgeber im Obst- und Gartenbau. Verlag des Gartenbesitzer- und Obstbauvereins Botnang e.V., Jahrgänge 1934–1939.

Wohlgenannt, Hermann: Der Mond und seine Bedeutung in der Astronomie und im Volksglauben. Verlag J.N. Teutsch, Bregenz 1988, 2. Auflage.

Landwirtschaftliche Untersuchungs- und Forschungsanstalten

Im Verband Deutscher Landwirtschaftlicher Untersuchungs- und Forschungsanstalten VDLUFA, Bismarckstr. 41 A, 64293 Darmstadt

Sächsische Landesanstalt für Landwirtschaft
Institut für Landwirtschaftliche Untersuchungen
LUFA Leipzig / Möckern
Gustav-Kühn-Str. 8
04159 Leipzig

LUFA des Landes Sachsen-Anhalt
Schiepziger Str. 29
06120 Halle / Lettin

LUFA Thüringen
Naumburger Str. 98
07743 Jena

LUFA Potsdam
Templiner Str. 21
14473 Potsdam

LUFA Rostock
Graf-Lippe-Str. 1
18059 Rostock

LUFA = Landwirtschaftliche Untersuchungs- und Forschungsanstalt

Institut für Angewandte Botanik
Abt. KVT
Marseiller Str. 7
20355 Hamburg

LUFA Kiel
Institut f. Tiergesundheit und Lebensmittelqualität
Gutenbergstr. 75–77
24116 Kiel

LUFA der Landwirtschaftskammer Weser-Ems
Jägerstr. 23–27
26121 Oldenburg

LUFA Hameln
Finkenborner Weg 1 a
31787 Hameln

Hessische Landwirtschaftliche Versuchsanstalt
Landwirtschaftliches Untersuchungsamt
Am Versuchsfeld 13
34128 Kassel / Harleshausen

LUFA Westfalen-Lippe
Nevinghoff 40
48147 Münster

LUFA Bonn / Landwirtschaftskammer
Siebengebirgsstr. 200
53229 Bonn

Landes-Lehr- und Versuchsanstalt für Landwirtschaft, Weinbau und Gartenbau
Institut für Bodenkunde
Egbertstr. 18
54295 Trier

LUFA Speyer
Bezirksverband Pfalz
Obere Langgasse 40
67346 Speyer

Landesanstalt für landwirtschaftliche Chemie – Bodenabteilung
Emil-Wolff-Str. 14
70599 Stuttgart

LUFA Augustenberg
Neßlerstr. 23
76227 Karlsruhe

Bayerische Hauptversuchsanstalt für Landwirtschaft
85350 Freising-Weihenstephan

Bayerische Landesanstalt für Bodenkultur und Pflanzenbau
Vöttinger Str. 38
Postfach 16 41
85354 Freising

Bayerische Landesanstalt für Weinbau und Gartenbau
Abt. Kellerwirtschaft u. Untersuchungswesen
Herrnstr. 8
97209 Veitshöchheim

Register

Die **halbfett** gedruckten Seitenzahlen kennzeichnen Abbildungen.